Die

venezianische Küche

im Rhythmus der vier Jahreszeiten

Genießen mit Vivaldi

Bassermann

Eva Gesine Baur

Die venezianische Küche im Rhythmus der vier Jahreszeiten

Genießen mit Vivaldi

Photographien von
Giosanna Crivelli und Thomas Klinger

Bassermann

Indice
Inhalt

Vorwort

Zwei Blumen blühen für den weisen Finder.
Sie heissen Hoffnung und Genuss.
Friedrich Schiller

Optimisten reden gut darüber. Sie wissen, dass es beglückt. Moralisten hingegen gefallen sich darin, es als verwerflich zu bezeichnen, als lasterhafte, träge Wollust. Sie wollen nicht zugeben, dass Genießen eine Kunst ist, die geübt werden muss; mehr noch: ein Gesamtkunstwerk, das an den Künstler fürwahr beträchtliche Anforderungen stellt.

Echter Genuss verlangt Hingabe an den Augenblick, und zwar mit allen fünf Sinnen. Nur wer sich der sinnlichen Wahrnehmungen ganz und gar bewusst ist, genießt wirklich. Bewusst zu hören, zu sehen, zu fühlen, zu riechen, zu schmecken – dazu möchte Sie dieses Buch verführen. Es will nicht ablenken, sondern im Gegenteil hinführen zu jener Sammlung, die Voraussetzung des Genießens ist. Deswegen konzentriert es sich auf einen Aspekt: auf die vier Jahreszeiten. In Vivaldis Vertonung erleben Sie den Jahreszyklus akustisch; haptisch, wenn Sie die Früchte der Saison kaufen und Rezepte aus Vivaldis venezianischer Heimat zubereiten; optisch, wenn Sie die Farben und Formen auf Ihrer Tafel betrachten. Und dann erfahren Sie mit der Nase, dem Gaumen, der Zunge, was die Jahreszeit Ihnen beschert.

Dieses Buch will davon überzeugen, dass Genießen heißt: Abschied von der Beliebigkeit und von der Gleichgültigkeit zu nehmen. Hintergrundgedudel, schnell reingezogene Drinks, Fastfood ohne Woher, Imbiss im Stehen, Gerüche aus der Retorte – das alles ist das Gegenteil von Genuss. Nur wenn wir uns über die *qualità* – die Beschaffenheit – von allem, was wir zu uns nehmen, Gedanken machen, können wir genießen. Ob es mit der Qualität gestimmt hat, lässt sich einfach überprüfen: an der Erinnerung.

Vivaldi und Venedig

VERTRAUT UND DOCH SO FREMD

Sie sind der Rhythmus des Lebens. Denn sie sind der Rhythmus der Natur. Jene Wechsel, die wir zur Kenntnis nehmen müssen, ob wir sie lieben oder nicht. Und sie sind Abbild unseres eigenen Daseins, wo auf das Knospen und Wachsen die Zeit der Blüte, der Reife, des Welkens und schließlich des Absterbens folgt.

Die Jahreszeiten sind ein zyklisches und daher ein symbolisches System. Und eben dieses Zyklische hat Künstler jeder Sparte – Maler wie Dichter, Bildhauer wie Komponisten – von jeher gereizt, hebt es doch ihre Arbeit über das Episodenhafte hinaus: Es gibt ihr jene zeitlose Aussage, die sie über Jahrhunderte hinweg für jeden verstehbar macht. Sich den Jahreszeiten anheim zu geben heißt, den unaufhaltsamen Gang der Dinge zu bejahen, sich lächelnd abzufinden mit der Endlichkeit. Und mit der Unterlegenheit des Menschen gegenüber der Natur.

Wenn Heilkundige und Gesundheitsbewusste eine Jahreszeitenküche bewerben, weil sie dem Organismus mehr als jede andere Ernährungsform entspricht und eine ganz natürliche Abwechslung bietet, dann ist das nicht nur physiologisch, es ist auch psychologisch klug. Denn allein das Bewusstsein, nicht gegen, sondern im Rhythmus der Natur zu leben, verleiht jedem Menschen das Gefühl, in der Welt geborgen zu sein. Das macht ihn gelassen – und demütig.

Wir neigen dazu, das nahe Liegende und Einfache gering zu schätzen. Doch der Weg zu dieser nahe liegenden, einfachen Haltung stellt Anforderungen. Wer sich über die Jahreszeiten äußern will – sei es in Gedichten, Gemälden, Rezepten oder Kompositionen –, muss sich zuerst die Zeit nehmen, nach und mit ihnen zu leben. Auszubrechen aus jenem Trott, der uns so vertraut ist und doch so fremd. Denn es ist dem Menschen nun einmal nicht gemäß, die Nacht zum Tage zu machen, die Früchte des Frühlings im Herbst und die des Sommers im Winter zu genießen. Erdbeeren an Weihnachten, Spargel an Silvester – das mag exklusiv scheinen und vermeintlich Auszeichnung jener sein, die genügend gewonnen haben, um es sich leisten zu können. Aber es ist nur Verlust, denn verloren geht dabei die Empfindsamkeit für die natürlichen Höhepunkte und zugleich die Fähigkeit, die Feste der Natur zu genießen.

„Venedig,
meine Stadt,

Ich fühle sie
von Welle zu Welle
von Brücke zu Brücke

Ich wohne
in jedem Palast
am großen Kanal

meine Glocken
läuten Gedichte

mein Venedig
versinkt nicht."

Einige Komponisten haben sich dem Thema der vier Jahreszeiten gewidmet. Aber für keinen lag es ferner als für denjenigen, der die berühmteste Tonsetzung schrieb: Antonio Vivaldi. Joseph Haydn zum Beispiel stand durch die ganze naturphilosophische Gedankenwelt seines Umkreises dem Thema viel näher. Und es ist kein Zufall, dass Vivaldi den Zyklus *Le Quattro Stagioni* nicht etwa in seiner Heimatstadt Venedig verfasste, sondern während eines Aufenthalts auf dem Festland, in Mantua. Denn Venedig ist in jeder Hinsicht eine Insel – *un' isola* – und aller Kommunikationslust der venezianischen Entdeckungsreisenden, Abenteurer und Kaufleute zum Trotz blieb sie isoliert. Immer war die Lagunenstadt in ihrer Inselsituation befangen und blieb es bis heute. Venedig ist die Ausnahme unter den Städten der Welt. Nur in Venedig gibt es statt Contraden oder Stadtvierteln schlicht Stadtsechstel – die *sestieri* –, nur hier gilt, dass mit Piazza allein ein Platz gemeint ist – die Piazza San Marco –, nur hier gibt es statt ordentlicher Straßen mit Hausnummern eine labyrinthische Durchnummerierung der Häuser in jedem *sestiere*, nur hier liegt der Friedhof auf einer eigenen Insel, nur hier gibt es *bàcari*, Weinkneipen, die ihren Namen dem Gott Bacchus verdanken, nur hier werden Gestalten des Alten Testaments wie Heilige behandelt, so dass es eine Pfarrei San Moisè – St. Moses – gibt. Um keine Stadt wird mehr gebangt als um diese, die so sorglos, oft skrupellos ist im Umgang mit sich selbst und sich nicht zu kümmern scheint um den drohenden Untergang. Es ist, als fühlte jeder, der dort wohnt, wie Rose Ausländer, die fremde Dichterin. Venedig war und ist

die Ausnahme unter den Städten der Welt. Schon weil sie, die auf Pfählen gebaute, im Meer treibende Schönheit, in keiner Hinsicht Erdverbundenheit besitzt. Mit welcher Pracht und Fülle der Markt an der Rialto-Brücke bis heute auch erfreut: Dieser Reichtum an Gemüsen, Früchten und Gewürzen ist ein geborgter. Das war schon vor einem halben Jahrtausend so: „Dieser Boden hier", schrieb bereits 1490 der Chronist Marino Sanudo, „bringt nicht das Geringste hervor. Dennoch ist alles in Fülle vorhanden ..., denn von allen Dingen und aus allen Landen von überall aus der Welt wird herangeschafft." Es gab kaum ein Gewürz auf dem Planeten, das die Venezianer nicht gekannt hätten. Schließlich verdankte die Serenissima ihren Reichtum dem Handel mit orientalischen Spezereien, mit Pfeffer und Ingwer, mit Zimt und Gewürznelken, mit Kreuzkümmel, Kardamom und Koriander, mit Safran, Macis und Muskatnuss. Es gab hier schon im 14. Jahrhundert mehr verschiedene Weine als in den anderen Metropolen der Erde. Malvasier vom Peloponnes und von Kreta, Trebbiano und roten Ribolla aus Istrien, all die anderen Sorten aus Apulien und Kalabrien, aus den Marken, den Abruzzen und aus der fruchtbaren Marcha Trevigiana, dem Festland um Treviso hinter Venedig.

An dieser Opulenz änderte sich auch nichts, als Venedig seine Bedeutung und Macht verlor. Weiterhin schien es über alles zu verfügen, was die Erde zu bieten hat. Doch die Nähe zu dem, was da wächst und gedeiht, die Nähe zu den Gerüchen der Bäume, Wiesen, Felder, zu den Geräuschen der Tiere, der Winde, der Gebüsche, zu den Gewohnheiten der Bauern und der Hirten – die kann niemand herbeitransportieren per Schiff. Diese Nähe gibt es nur vor Ort.

Und es ist nicht so, dass Vivaldi einem Brauch folgend dem Konvolut der vier Stücke diesen Namen gegeben hätte: Von den 450 Konzerten, die erhalten sind, haben nur 28 einen programmatischen Titel wie *La tempesta di mare* – „Der Seesturm" – oder *Il gardinello* – „Der Distelfink". *Die vier Jahreszeiten* spielen innerhalb seines Werks eine in jeder Hinsicht herausragende Rolle. Schon zu Lebzeiten stiegen sie auf zu Vivaldis berühmtestem Opus. Im Druck erschienen sind sie 1725 zusammen in einer Sammlung, die insgesamt zwölf Konzerte Vivaldis enthielt und *Il cimento dell'armonia e dell'invenzione* überschrieben ist, zu Deutsch: „Die waghalsige Probe der Harmonie und der Erfindung". Die Erstausgabe erschien in Amsterdam, aber sofort wurden die Noten in Paris nachgedruckt und erlebten

PAX TIBI MAR C
EVAN GELI STA MEVS

dort einen überwältigenden Erfolg. Der französische König organisierte Privataufführungen der *primavera*, des Frühlingskonzerts, in Versailles und fast jeder namhafte französische Komponist verfasste irgendeine Variation auf die *Jahreszeiten*. Der Komödiendichter Carlo Goldoni, der sich, als sein Ruhm erstrahlte und Vivaldis verblasste, gern spöttisch über den älteren Herrn verbreitete, schrieb in seinen Memoiren, Vivaldi sei vor allem „berühmt wegen seiner Sonaten (ein Irrtum des musikalisch unbeleckten Dichters) für die Quattri (sic!) Stagioni".

Dass sie bis heute die meistgespielten Solo-Konzerte des Komponisten sind, hat viele Gründe. Sicher ist da zuerst einmal der Reiz der musikalischen Abwechslung, der Vielfalt an Stimmungen und Naturbildern, die einfach nachzuvollziehen sind, denn jedem der Jahreszeitenkonzerte hat Vivaldi ein *sonetto dimostrativo* vorangestellt, ein demonstratives Sonett, wie er es nennt; der Verfasser der vier Gedichte jedoch ist unbekannt – höchstwahrscheinlich hat der Komponist sich hier auch als Dichter versucht. Zu hören sind in allen vier Konzerten die Naturgewalten – Wasser, Wind und Stürme –, die Tiere – Vögel, Hunde und wilde Tiere – und die Menschen, die tanzen, jagen, weinen, klagen, singen, schlafen, sich freuen oder fürchten. Im Frühling hören wir Quellen plätschern und sprudeln, die Zephirwinde säuseln, hören es blitzen und hören es donnern, Blätter und Zweige rascheln und flüstern. Die Vögel singen, der Hund bellt, die Hirten schlafen und der Dudelsack erklingt, um sie zum Tanzen zu bewegen.

Im Sommer hören wir die Sonne glühen, der Zephir weht, der Nordwind unterbricht ihn vehement, ungestüme Winde tosen, der Donner eines Sommergewitters grollt, Tiere, die unter der Hitze leiden, stöhnen, der Kuckuck ruft, Tauben gurren, Distelfinken zwitschern und Insekten summen. Und der Hirte jammert und klagt, weil seine Ruhe gestört wird.

Im Herbst kläffen die Jagdhunde, flieht hechelnd das gehetzte Wild, erklingen die Lieder und die Tänze der Bauern, die ihre eingebrachte Ernte feiern, Jagdhörner tönen, Flinten knallen und Betrunkene schlafen hörbar ihren Rausch aus.

Im Winter tobt der Wind Angst erregend daher, kämpft brüllend mit anderen Winden, der Regen prasselt nieder, das Eis birst mit einem schrecklichen Geräusch. Von den Tieren ist nichts zu hören, dafür das Zittern, sogar das Zähneklappern der frierenden Menschen, ihre vorsichtigen, ängstlichen Schritte auf dem vereisten Boden, ihr

Ausrutschen, ihre Stürze. Dann, endlich, die tröstliche Ruhe am knisternden Kamin, vor dem die Spinnräder surren.

Bis auf den Frühling wird keine Jahreszeit in dem jeweiligen Sonett als besonders ersehnenswert dargestellt und selbst den Frühling kennzeichnet der Dichter wie der Komponist als eine Zeit, in der Frieden und Glück gefährdet sind. Sommer, Herbst und Winter erscheinen beinahe düster und bedrohlich, auch wenn einige Belustigungen geschildert sind. Genau hier zeigt sich, dass *Die vier Jahreszeiten* Vivaldis zwar die am meisten gehörten, aber auch die am meisten missverstandenen Konzerte des italienischen Barock darstellen. Sie sind nicht heiter und oberflächlich, sie besitzen eine Tiefe, die verkannt wird, weil Vivaldi sie mit Wohlklang verhüllt.

Gerade wegen ihres gerne übersehenen, besser: überhörten dunklen Wesens sind die *Quattro Stagioni* ideal geeignet, Vivaldis Leben, Person und Musik, aber auch seine Welt, seine Zeit und das Venedig, in dem er den Großteil seines Daseins verbrachte, zu vermitteln. Denn all das besaß etwas Doppelbödiges, man könnte es auch etwas Gespaltenes nennen. Vivaldi selbst war eine Doppelnatur – ehrgeizig und genussbetont, elegant und rabiat, musisch verklärt und kalt berechnend, süchtig nach Zuwendung und nach Karriere. Zudem führte er eine gefährliche Doppelexistenz: Er war Geistlicher und Lebemann, Lehrer und Impresario, Kirchenmusiker und Operndirektor. Und dass da ein Spalt klaffte zwischen seinem versengenden Ehrgeiz und der offiziell verordneten frommen Weltentsagung, das sahen und spürten die Zeitgenossen und bedachten es je nach Temperament mit gelassenem Grinsen, mildem Spott oder beißender Häme. Sogar Vivaldis Werk ist charakterlich, innerlich gespalten in ein *alla moda* – einen gefälligen, oft allzu routinierten und schematisch-oberflächlichen Teil – und in jenen, mit dem Vivaldi die Kenner bis heute beeindruckt. Kompositionen, mit denen er nicht gut ankommen will und daher auf Nummer sicher geht, sondern alles riskiert an kühnen Harmonien und Dissonanzen. *La stravaganza* nennt er ein Konzert, was nichts anderes heißt als „Die Extravaganz“ oder die kühne Übertreibung.

Und dass es ihm oft darum geht, einen musikalischen Einfall auszuleben, der unter Umständen die Hörer ärgert, gibt er ebenfalls offen zu, wenn er ein anderes, heute besonders beliebtes Konzert *L'estro armonico* überschreibt, denn *l'estro* kann nicht nur „Laune“, es kann auch „Stechfliege“ bedeuten.

Vivaldi und *Die vier Jahreszeiten* teilen das Schicksal, für etwas anderes gehalten zu werden, als sie tatsächlich sind. Und bekannt zu sein, ohne wirklich gekannt zu werden. Wer weiß schon, dass Vivaldi eigentlich ein Stargeiger war? Wer weiß schon, dass er verarmt in Wien starb? Wer weiß schon, dass Vivaldi bis ins 20. Jahrhundert völlig vergessen war?
Vivaldi hat mit den *Vier Jahreszeiten* bereits als er noch lebte die Komponisten und Virtuosen zu Bearbeitungen und Variationen angeregt. Und seit den siebziger Jahren des 20. Jahrhunderts geschieht das erneut: 1973 spielte Moog Koichi Oki die *Quattro Stagioni* auf Synthesizer ein, es folgten Varianten mit Quer- und Blockflöte, Gitarre und Orgel, Blechbläser-Ensemble, Solo-Posaune und sogar mit fünf Marimbaphonen – ein kühner Versuch, der die unvoreingenommenen Hörer hinreißt und mitreißt. Und der dem Komponisten wahrscheinlich gefallen hätte: „Versuch", „Experiment", „Probe" – so hat Vivaldi selbst viele seiner Stücke überschrieben.
Dieses Buch will in seinem Sinn ebenfalls zu einem Experiment verführen: zum sinnlichen, geistigen und seelischen Eintauchen in die Welt der vier Jahreszeiten. In all ihre Gerüche und Geschmacksnuancen, ihre Farben und Klänge, ihre Freuden und Ängste. Und niemand ist als Leiter dieses Experiments geeigneter als Antonio Vivaldi persönlich.

Der Frühling seines Lebens

Geigenstunden im Friseursalon

Sie hat viel gesehen. Entstellte, behaarte, tote Kinder. Aber noch nie hat sie der schrecklichste Anblick das Gleichgewicht verlieren lassen. Margarita Veronese ist eine erfahrene Hebamme. Und der Säugling, den sie gerade aus dem Leib der 22-jährigen Camilla befreit hat, ist blass, schwach und atmet schwer, fast röchelnd. Aber das ist noch kein Grund zu wanken. Doch plötzlich bebt die Erde. Margarita weiß, was zu tun ist; dieser Säugling, dessen zerbrechliche Existenz doppelt bedroht ist, muss schnellstens den Segen bekommen. Sie tauft ihn, das ist ihr verbürgtes Recht, im Namen des Herrn: Antonio Lucio – wie die junge Mutter und der genauso junge Vater es wünschen.

Das Leben jenes Manns, dessen Musik sich für uns mit Glanz und Heiterkeit, mit Pracht und Üppigkeit verbindet, nimmt auf der Schattenseite Venedigs seinen Anfang. Jener Seite, die damals keiner der vergnügungssüchtigen oder kunstberauschten Reisenden sehen wollte und die sich doch hinter der leuchtenden verbarg. Die Kirche, in der erst zwei Monate nach der Nottaufe das Kind nach klassischem Ritus mit drei Exorzismus-Gebeten kanonisch getauft wird, heißt San Giovanni di Bràgora; nach ihr nennt sich auch der kleine Platz (heute heißt er Campo Bandiera e Moro), an dem das schmalbrüstige Haus steht, in dem der Barbier Giovanni Battista – oder verkürzt: Giambattista – Vivaldi mit seiner Frau Camilla haust. Von der räumlichen Entfernung her liegt der Campo di San Giovanni nah bei San Marco. Aber trotz der schönen Schlichtheit der Kirchenfassade, trotz des wunderbaren Altarblatts von Cima di Conegliano, das in der Basilika hängt, trotz des Palazzo Gritti-Badoer, der die Nordseite des Platzes begrenzt, ist das kein Ort, den die Touristen suchen. Bis heute ist er das nicht: Stille umfängt selbst in der höchsten

Saison den Besucher. Wahrscheinlich war früher, zu Vivaldis Zeiten, mehr Leben dort – *bràgora* kommt angeblich vom venezianischen *bragola*, die Marktstätte.
An Leben fehlte es ohnehin nicht in der Kindheit des Antonio Lucio: Acht Geschwister bringt seine Mutter nach ihm noch zur Welt. Fragt sich nur, woher dieser Antonio Lucio Vivaldi den Antrieb, die Begabung, die Durchsetzungskraft bezieht, die es braucht, um zum Starmusiker des an Musikern so reichen Venedig zu werden, zu einem gefeierten Opernkomponisten, zu einem umschwärmten, beneideten und befehdeten Karrieremenschen. Die Verhältnisse, aus denen Antonios Eltern stammen, sind alles andere als musisch: Beide sind Kinder einfacher Schneider. Und Giambattistas erlernter Beruf ist der eines Barbiers. Und da denken Kenner der Geschichte schon vor Rossinis berühmtem *Barbiere di Seviglia* an Musik: In ganz Italien, besonders in Venedig, war es üblich, diese Läden nicht nur zum Haar- und Bartschneiden zu nutzen, sondern auch als Musikschule für den privaten Unterricht. Und Giambattista machte bald den Neben- zum Haupterwerb, denn er verfügte zwar über kein Vermögen, aber über jene Antriebskraft, die wir Ehrgeiz nennen. Und über eines der Geschenke, welche die Natur scheinbar mit Willkür verteilt: über Musikalität. Als *sonador*, als Musiker, ist er auch bereits eingetragen im Taufregister seines ersten Sohns Antonio und im Ständeregister findet er sich ebenfalls unter den *sonadori*. Er ist Geiger und offenbar gut genug, um ein paar Jahre nach Antonios Geburt im Konkurrenzkampf eine bezahlte Stelle in der Kapelle der Markuskirche zu erobern, später auch noch Nebenbeschäftigungen als Violinlehrer am Conservatorio dei Mendicanti und eine vakante Geigerposition am Teatro San Giovanni Crisostomo. Und wie Mozarts Vater gelingt es ihm nicht nur, seinen Sohn anzuregen und auf diesem Instrument zu unterrichten, sondern auch das Genie in ihm zu erkennen. Ein Wunderkind allerdings ist Antonio Lucio nicht. Dass er trotzdem mit brennender Begierde eine Karriere als Komponist anstrebt, kann nur jener Sehnsucht nach der Sonnenseite Venedigs zuzuschreiben sein, nach jenem Luxus der Brokatgewänder und Seidenroben, der schimmernden Parkettböden und Samtportieren, der golden gerahmten Spiegel und der Muranolüster. Antonio weiß, wie die Pracht aussieht, wie sich der schöne Klang anhört, wo der Reichtum wohnt. Und das Verlangen danach wird in ihm nicht nur wach, es wird offenbar von seinem

Vater genährt. Schon aus finanziellen Gründen, denn in einer Stadt, wo die Teuerungsrate bis zu 29 Prozent im Jahr beträgt, muss der Älteste dazuverdienen. Dass Antonios Taufpate Apotheker ist – also deutlich höher gestellt in der damaligen Rangordnung als ein geigender Barbier –, verrät, dass Giambattista mit seinem Sohn von vornherein Pläne hatte. Allerdings sehen die nicht eben sinnenfroh aus, denn Antonios Start in jene Karriere, die der Vater für ihn ausgesucht hat, besteht in der *prima tonsura*, der ersten Tonsur. Dass Giambattista Vivaldi seinen Sohn als Fünfzehnjährigen zur Priesterlaufbahn bestimmt, klingt befremdlich. Hat er doch seine ganze Energie drein gesetzt, aus ihm einen Musiker, einen Virtuosen, vielleicht einen Tonsetzer zu machen. Doch angesichts der vielen hungrigen Mägen, die er füllen muss, ist dem Vater klar, dass sein Ältester eine soziale Absicherung von anderer Seite braucht – und außerdem ein System, das ihn sozial nach oben trägt und in jene Kreise einschleust, in denen das Geld, die Macht und die Positionen zirkulieren.

Bis dahin war das Leben des Antonio Lucio Vivaldi wahrscheinlich nicht prächtig, aber mit Sicherheit nicht nur deftig wie die *cucina povera* – die Armeleutegerichte – von Polenta mit Kochwurst bis zu Eintopfgerichten mit Speck und weißen Bohnen, es war auch sinnlich, sogar verschwenderisch. Denn seine Heimatstadt zehrt von ihrer großen Vergangenheit. Weil die mächtige Serenissima all ihre Macht verloren hat – die wirtschaftliche wie die politische –, betäubt sie sich mit Feiern und Festen. Sie berauscht sich an ihrer Schönheit und Dekadenz, an ihrer Lebenslust und Leichtigkeit, ihrer Fantasie und Lüsternheit. Mit Inbrunst spielt sie die Rolle, Europas Vergnügungspark zu sein, mit den verrufensten Spielhäusern, den *ridotti*, mit den aufregendsten Kneipen, *casini* genannt, den meisten Kaffeehäusern – schon 1683 hat das erste Café am Markusplatz eröffnet –, Lokalen, Weinstuben, mit den schönsten Huren und der betörendsten Musik. Gut, es gibt elitäre Feste, an denen die *nobilòmeni* ihren sozialen Inzest pflegen, ihrer Verschwendungssucht huldigen und ihren Zynismus zur Schau stellen – Feste, zu denen die einfachen Leute nur als Personal Zugang haben. Von denen bekommt die Mehrheit nur vorfahrende Gäste in prächtig dekorierten Gondeln zu sehen oder die *zanzarotti*, jene blonden, blassen Knaben in Livree, die jeweils zu zweit an den Fenstern stehen, zum Saal hin livriert, auf der Kehrseite nackt, um so die *zanzare*, die Mücken, abzufangen. Aber die

Theater in Venedig stehen, anders als in den übrigen Städten, jedem offen, der Eintritt bezahlt und die großen Festivitäten der Serenissima sind für alle da. Auch das Volk feiert bei jeder sich bietenden Gelegenheit. Die Feste sind der letzte Abglanz des leuchtenden Gestern und ihre Riten die einzigen Gesetze, die bereitwillig befolgt werden. Feste, Riten und Traditionen sind das Korsett, das die Serenissima noch aufrecht hält. Sie geben eine Ordnung vor, die verhindert, dass sich die Venezianer in Intrigen, Spielsucht, Gewinnsucht und Genusssucht, in Streitereien, Konkurrenzkämpfen, Gerüchten und Geschäften zerfleddern.

An diese Ordnung hält sich hier jeder. Und der Festtagskalender der Serenissima ist der feiertägliche Speiseplan aller Hausfrauen und Lokalbesitzer:

6. Januar: Festa della Marantega – Fest der Marantega

In der Nacht vom 5. auf den 6. Januar geht es zuerst einmal nicht um Epiphanias, um das Erscheinungsfest und die Heiligen Drei Könige, sondern um eine offenbar sehr sympathische Hexe namens *befana*, die sich bei Kindern besonderer Beliebtheit erfreut, weil sie ihnen angeblich Geschenke macht. Als Kinderüberraschung wurde jahrhundertelang überall *la pinza* – venezianisch *la pinsa* – serviert; heute verkümmert der Brauch wie so viele Traditionen. Die *pinsa venessiana* wird heute mit Zucker zubereitet (der damals für Leute wie die Vivaldis nahezu unerschwinglich und dementsprechend selten war), ist aber kein Dessert, sondern ein sehr nahrhaftes Hauptgericht: Der Teig aus Maismehl wird mit Orangeat, Zitronat, Trockenfrüchten und Gewürzen angereichert. Zu Vivaldis Lebzeiten rührte man noch Schweinebrühe unter den Teig, wickelte den dicken Polentabrei in Kohlblätter und garte die *pinsa* in der Glut des Feuers – ursprünglich das Freudenfeuer für die freundliche Hexe.

Periodo di Carnevale – Karnevalszeit

In der Karnevalszeit wird von jeher überall kräftig getrunken, besonders auf den Maskenbällen der Serenissima. Wer trinkt, braucht eine Grundlage – das war den fest- und zechfreudigen Venezianern klar. Deswegen schlemmte man in ganz Venedig gehaltvolles Fettgebackenes, *fritole e galani* zum *vin(o) de Cipro* – Krapfen und „Schleifen“ zum Zypernwein.

Venar santo – Karfreitag

Wie in allen christlichen Haushalten gab es am Karfreitag auch in Venedig kein Fleisch, sondern Fisch – und zwar in einer ebenso einfachen und preiswerten wie delikaten Form: *Bigoli in salsa* – Bigoli in Sauce, also dicke Vollkornnudeln in der dazu klassischen Sauce aus Sardinen und Zwiebeln. Und es gab *Pesse fritto o rosto* – Fisch, frittiert oder gebraten.

Pasqua – Ostern

In Italien wird nur der Ostersonntag gefeiert, der Ostermontag ist Arbeitstag. Dafür schlemmen die Venezianer am Ostertag schlicht, aber ausgiebig. Unbedingt dazu gehören *Cavareto o agnello in tecia* – Zicklein oder Lamm, in der Pfanne zubereitet – und die *Fugassa de pasqua* – Osterfladen.

25. April: Festa di San Marco – Sankt Markustag

Auf dem Sarg mit den Überresten des heiligen Markus soll die Markuskirche errichtet sein; mit dem Löwen, dem Symbol dieses Evangelisten, dekoriert und identifiziert sich die Stadt. Nur folgerichtig, dass der Markustag mit den immer gleichen Gerichten exzessiv gefeiert wird: *Risi e bisi* – eigentlich *Risi con piselli* – Reis mit jungen Erbsen, *Trota con ripieno* – gefüllte Forelle.

2. Juni: Festa di Sant'Elmo

Er ist – eine wichtige Aufgabe in Venedig – immer der Schutzpatron der Seeleute gewesen: der heilige Erasmus, im Volksmund Sant'Elmo genannt. Ihm verdanken auch die ganz jungen zarten Artischocken ihren Namen, denn die Venezianer bezogen sie von der Laguneninsel, auf der das Kloster von Sant'Erasmo lag. Die *Castratùre de Sant'Erasmo* am 2. Juni zu kochen, macht also in jeder Hinsicht Sinn.

3. Samstag und Sonntag im Juli:
Festa del Redentore – Erlöserfest

Als im Jahr 1576 der Schwarze Tod die Stadt verheerte, gelobte die Signoria, die Stadtverwaltung, dem Redentore, dem Erlöser also, eine Kirche errichten zu lassen, damit er Venedig von der Seuche befreie. Das war den Venezianern einen spektakulären Prachtbau wert und, nach vollbrachter Rettung, eine alljährliche Dankeswallfahrt zu dieser von Palladio bereits ab dem Jahr 1577 erbauten Votivkirche. Schon am Vorabend begannen sie zu feiern und das aufzutischen, was bis heute zur Festa del Redentore gehört: *Sarde(le) in saor* – Sardinen, eingelegt in Essig, Öl und Aromen, *Ana(t)ra o polastreli rosti o in tecia* – Ente oder junge Hühnchen, gebraten oder in der Pfanne geschmort, *Ana(t)ra col pien* – gefüllte Ente, *Fasijoi conzi* – dicke Bohnen mit Speck, *Perseghi in giasso, o coti al forno, col pien* – Pfirsiche mit Füllung, in der Kasserolle oder im Ofen gegart, dazu *Anguria fresca* und *graspa* – Grappa.

15. August: Festa dell'Ascensione della Vergine – Mariä Himmelfahrt (Assenza)

Für diesen in Italien auch *ferragosto* – nach den römischen *feriae augusti* – genannten hohen Feiertag backte die italienische Hausfrau früher selbst ihre *croccantini* – eine Mischung aus Mandeln und Karamell, die man zum Süßwein nascht.

29. September: Festa di San Michele – St. Michael

Wie in vielen Regionen ist auch in Venedig der Michaelstag gleichbedeutend mit Sommerende und Ernteschluss. Und auch hier verschmilzt die Feier mit der Kirchweih, zu der es natürlich einen Braten gab. Dazu wurden *Gnocchi de patate o gnocchi ala venessiana* – Kartoffelklößchen oder Klößchen auf venezianische Art serviert; wobei Vivaldi – da sich die Kartoffel zu seinen Lebzeiten in Europa noch keinerlei Beliebtheit erfreute – sicher die venezianische Variante aus Weißmehl gegessen hat. Leider ist die geschmacklich so wenig inspirierend, dass sie kein noch so lokalpatriotischer Venezianer weiterhin kochte, als sich die *patate* in Italien durchsetzten.

2. November: Giorno dei morti – Allerseelen

Am Tag nach *Ognissanti*, Allerheiligen, backen die Hausfrauen, Konditoren und Bäcker traditionell ein Gebäck mit Mandeln und Pinienkernen, das sich *Fave dei morti*, Bohnen der Toten, nennt. Die wunderliche Bezeichnung erklärt sich durch den antiken Brauch, Bohnen als Grabbeigabe zu den Toten zu legen. Dieses Gebäck jedenfalls sieht weißen Bohnen ähnlich und wird von den Lebenden am Feiertag der Toten genossen.

11. November: San Martino – Martinstag

Am Martinstag mussten Venedigs Hausfrauen früher zu Künstlerinnen mutieren. Denn sie hatten aus *Medaglioni di persegada* – Medaillons aus

Quittenbrot –, silbernen Konfetti und farbigen Baisers auf Pfefferkuchen den heiligen Martin auf dem Pferd darzustellen, wie er seinen Mantel mit dem Bettler teilt; oder den Heiligen als Ritter hoch zu Ross, aber ohne den Armen.
Eigentlich heißt das Quittenbrot *cotognata*, nach der Quitte (*mela cotogna*). Nicht so in Venedig: Dort erinnert der Name noch daran, dass diese Delikatesse früher aus Pfirsichen, aus *pesche*, hergestellt wurde. In jedem venezianischen Haushalt, der etwas auf sich hielt, war diese gut konservierbare Süßigkeit, in Würfel geschnitten und in Zucker gewälzt, immer in Dosen vorrätig – als fruchtige Nascherei, die man im Winter unerwarteten Gästen anbot oder den Kindern als Belohnung schenkte.

21. November: Festa della Madonna della Salute

„Muttergottes der Gesundheit“ nannten die Venezianer die Kirche, die sie der Heiligen Jungfrau widmeten. Denn sie waren sicher, ihrer Fürbitte die Befreiung von der Pestepidemie zu verdanken, die im Sommer 1630 wieder einmal vernichtend durch die Stadt gezogen war. Und es reichte ihnen nicht, ihr dafür von Baldassare Longhena eine monumentale Kirche am Canal Grande errichten zu lassen: Sie feiern die Überwindung des Schwarzen Tods bis heute jedes Jahr. Dazu pilgern sie über eine Pontonbrücke in den lichten Barockbau der Madonna della Salute. Aber weil zu jedem geistlichen Fest auch ein leibliches gehört, wird in der ganzen Stadt ein traditionelles Gericht serviert: *Castradina in brodo cole fogie de verza* – gepökelte, geräucherte und luftgetrocknete Hammelkeule, in der Brühe gegart, mit geschmortem Wirsing. Angeblich haben viele Venezianer mithilfe dieser weitgehend unverseuchten Kost die Pest überlebt. Doch in originaler Form ist dieses Pökelfleisch, das die venezianische Küche den Dalmatinern verdankt, auswärts kaum zu bekommen.
Zur Nachspeise schließlich gibt es *Croccante e fritole venessiane* – Krokant aus Mandeln und Karamell – und venezianische Krapfen, wie sie auch in der Karnevalszeit überall angeboten werden (dieses Rezept brachte angeblich Marco Polo aus China mit).

24. Dezember: Vigilia di Natale – Heiligabend

Damals wie heute wird dieser Tag in Italien nicht opulent gefeiert, sondern soll dem Verzicht und der inneren Vorbereitung auf den Festtag dienen. Es gab *Risotto de peverasse* – Risotto mit kleinen Muscheln, die den Vongole verwandt sind, *Risi e fasijoi col brodo de go* – Reis und weiße Bohnen mit Brühe von Grasgrundeln (auf Italienisch heißen die typischen kleinen Lagunenfische *ghiozzo*, im venezianischen Dialekt kurz und knapp *go*). *Secondo* für die Reichen: *branzino* – Seewolf; *Secondo* für die weniger Betuchten: *Bisato o fritura dis pesse mista* – Aal (und zwar der ausgewachsene aus der Lagune, der Flussaal wird *anguilla* genannt) oder verschiedene frittierte Fische.

25. Dezember: Natale – Weihnachtsfest

Wer es finanzieren konnte, gönnte sich dann am Weihnachtsfeiertag einen *Cappone in brodo o museto con puré o con spinaci* – Kapaun, also Masthahn, in der Brühe und danach Kochwurst mit Püree oder Spinat. Die Wurst namens *muset(t)o* hat ihren Namen und ihr Aroma vom *muso*, vom Schweinemaul, das darin neben magerem Fleisch vom Kopf und den Schwarten verarbeitet wird. Seinen besonderen Geschmack hat der *muset(t)o* vor allem aber von den raffinierten Gewürzen – Muskatnuss, Koriander, gehackte Pfefferschoten, Zimt und Weißwein. Ein Rezept also, das nur dort nachzukochen ist, wo es echten *muset(t)o* gibt. Wer sich aus Italien welchen mitbringt, um mit Vivaldi Weihnachten auf Venezianisch zu feiern, sollte die Wurstdärme vor dem Kochen einstechen, um das Platzen zu verhindern, und dem Kochwasser etwas Weißwein beigeben. Dazu schmeckt wie schon vor dreihundert Jahren das klassische Kartoffelpüree oder Blattspinat am besten.
Wer gar kein Geld hatte, besorgte sich an Weihnachten Knochen vom Kapaun kochte sie aus und servierte *Ravioli nel brodo del cappone* – Ravioli in Kapaunfleischbrühe (die Pasta konnte auch mit Geflügelresten gefüllt werden). *Cappone* heißt übrigens auch der Knurrhahn, ein Fisch, den es in Venedig ebenfalls nur zu besonderen Anlässen gab. Was die begehrten Fische den Venezianern waren, lässt sich am Speiseplan der Dogen erkennen: Da musste es selbstverständlich immer das sein, was der durchschnittlichen Bevölkerung nahezu unerreichbar schien.

Aber Antonio braucht keine Angst zu haben, hinter den Mauern eines Priesterseminars von all diesen sinnlichen festlichen Genüssen ausgeschlossen zu sein. Sein Leben verändert sich nach der ersten Weihe nicht wesentlich, denn der ver-

nünftige Giambattista wählt für seinen Sohn den praktischen Weg zum frommen Gewerbe: Er ist eine Art Lehrling in den Pfarren San Geminiani und San Giovanni in Oleo. Diese beiden gelten als keineswegs streng, offen gesagt gerade als das Gegenteil: Sie sind Beispiele dafür, dass Geistlichkeit nichts mit Entsagung zu tun haben muss und ein Kleriker oft nur an der Kleidung erkennbar ist. Von Anfang an also wird Antonio im Geist einer Doppelmoral erzogen, die ihn ein Leben lang vor den Skrupeln bewahrt, seine Existenz widerspreche dem, was von einem Priester zu erwarten sei.

Weiterhin kann der werdende Geistliche daheim die deftige Hausfrauenküche Venedigs genießen, denn er wohnt bis weit ins Erwachsenenalter hinein bei der Mamma – schon aus Kostengründen, sicher aber auch, weil er als der Älteste an der Erziehung der Jüngeren beteiligt ist. Selbst wenn wir über die Spezialitäten der Signora Vivaldi nichts wissen, ist ziemlich eindeutig zu erraten, was ihr Sohn aufgetischt bekommt: Die *cucina casalinga venessiana* (so schreibt und spricht sich *veneziana* auf Venezianisch) ist zu dieser Zeit reich an Knoblauch und Zwiebeln, Fischen und Krustentieren, Reisgerichten und nahrhaften Suppen. Vor allem aber reich an Ideen zur Resteverwertung. Denn Geflügel, Schweinebraten, Lamm- oder Hammelgerichte waren Kostbarkeiten, deren Überbleibsel sparsam und andächtig bis zur letzten Schwarte, bis zum Bratenendstück weiterverarbeitet wurden – ob für Saucen, Pasteten, Suppen oder Füllungen.

Wenngleich Vivaldi in einem kleinbürgerlichen Haushalt lebte, kannte er wie jeder Venezianer etwas, das andernorts Luxus war: eine ungeheure Vielfalt an Gewürzen. Schließlich war Venedig schon um das Jahr 1000 herum zu einem der wichtigsten Seehäfen am Mittelmeer geworden und es wurde nicht nur Seide und Schmuck, Parfum und Elfenbein importiert. Aus Alexandria, Damaskus und Kairo brachten die Handelsschiffe Muskatnüsse und Zimtstangen, Gewürznelken und Kreuzkümmel, Ingwer und Macis mit, von Korinth Korinthen und Pinienkerne, aus Indien Curry und Kurkuma.

Der Reichtum von ein paar wenigen Familien Venedigs versüßt aber seit langem auch anderen, wenn sie sich's leisten konnten, das Dasein: Dass die Familie Corner auf Zypern – von wo die Venezianer ihren Zypernwein bezogen – Zuckerplantagen angelegt hatte, machte süße Gerichte, vor allem aber süßsaure, in der Serenissima populär. An Festtagen wird auch Camilla Vivaldi ihre Desserts und Gebäcke gezuckert haben. Denn wenn es ums Zelebrieren geht, kann im barocken Venedig keine Untergangsmelancholie die Lust an der Opulenz beeinträchtigen. Ohnehin lässt der Genuss die Venezianer alle Bedenken vergessen – sie leben mit doppeltem Boden, ohne sich dessen bewusst zu sein. Warum sollten sie darüber brüten, woher dieses köstliche Rezept für den Truthahn mit Granatäpfelkernen kommt oder für ein Huhn, gewürzt mit Zitrone oder Orange? Weshalb sollte es sie noch interessieren, wer sie auf die Idee gebracht hat, *melanzane* zu essen, wo doch die venezianische Schreibweise *melansane* verrät, was man früher über die Eierfrüchte dachte: sie seien *malum insanum* – ein ungesundes Übel. Warum sollen sie sich den Kopf darüber zerbrechen, woher der Brauch kommt, von der Gans alles, wirklich alles zu verwenden, Teile einzusalzen und das Schmalz aus dem Hals aufs Brot zu streichen oder in den Kuchen zu geben?

Auch Camilla Vivaldi wird wohl kaum grübeln, warum sie nun Spinat zum Fisch kocht, vieles aus Kürbis zubereitet und alle mögliche Eintopfgerichte kennt, die über Nacht ganz allmählich in der letzten Glut des Ofens weitergaren. Dass all das den jüdischen Traditionen zu verdanken ist, interessiert keinen: Hauptsache, es schmeckt. Die Stockfischmousse, *Baccalà mantecato*, mit Mandelmilch anstatt mit Milch zu bereiten, hat koschere Gründe – aber wenn es mundet, machen das die Christen freudig nach. Und wenn das, was bei den *giudii* religiöse Ursachen hat, auch noch dem hausfraulichen Zweckdenken entgegenkommt, dann wird es erst recht übernommen: Lassen die Juden die am Freitag vorbereiteten Speisen deswegen ohne weiteres Zutun garen, weil sie am Sabbat nicht arbeiten dürfen, macht das die venezianische Familienmutter, weil sie dann einmal Zeit hat für die Wäsche.

Schon seit dem 12. Jahrhundert lebten Juden in Venedig, arbeiteten als Ärzte und Apotheker, Kaufleute und Bankiers, aber auch – was den Neid der Katholiken provozierte, denen das verboten war – als erfolgreiche Geldverleiher. Nicht weiter verwunderlich, dass es pure Missgunst war, weshalb im 14. Jahrhundert alle Juden aus der Serenissima verbannt wurden. Als dann aber Ende des 15. Jahrhunderts die Juden aus Spanien vertrieben wurden, brachten ihre reichen Glaubensbrüder die venezianische Regierung dazu, sie 1516 wieder in die Serenissima einziehen zu lassen. Allerdings nicht, wie vorgesehen, auf die brachliegende, luftige Laguneninsel Giudecca – die wahrscheinlich von den *giudi*, die dort früher angeblich gewohnt hatten, ihren Namen erhielt –, sondern in die schlechteste, muffigste Abseite des an schlechten, muffigen Abseiten reichen Venedigs: Ins Sestiere Cannaregio, und zwar dorthin, wo die Abfälle der Gießer abgeladen wurden, stark bleihaltig und überaus gesundheitsschädlich. Gießen heißt *gettare*, und da die Juden das g nicht korrekt wie ein weiches dsch, sondern hart aussprachen – so, als folge ein h auf das g –, schrieben die übrigen Venezianer den Namen dieses jeden Abend verriegelten Bezirks *ghetto*. Trotz aller Ausbeuterei – für jeden Ausgang mussten die jüdischen Bewohner eine Gebühr entrichten –, trotz aller offenen und unterschwelligen Diskriminierung funktionierte das Zusammenleben der Christen und Juden in der Serenissima besser als anderswo in Europa. Sicher auch, weil den katholischen Venezianern ein gutes Leben wichtiger war als konfessionelle Streitereien. Genussfreude macht friedlich und sie verbindet.

Vivaldi, katholisch getauft und erzogen, hat aber nicht nur wie alle Venezianer den jüdischen Geschmack auf der Zunge – er kommt schon durch die Musik mit jüdischen Kollegen in Berührung. Jenes für Venedig im Allgemeinen, wie für Vivaldi im Besonderen typische Doppelleben hat seine guten Seiten, setzt es doch die gelebte Wirklichkeit vor moralische Theorien und Prinzipien.

Vivaldi lebt, während er sich demütig der Reihe nach die niedrigen Weihen erdient, vom Lektor zum Exorzisten, vom Akolythen zum Subdiakon und Diakon aufsteigt, an der Seite seines Vaters ein turbulentes, sinnliches, aber wenig besinnliches Musikerleben, in dem gnadenlos um Geld, um Posten, um Beförderungen gestritten wird.

Und das härtet ihn ab gegen jene Intriganten, die erst mit dem Erfolg auf ihn einstechen werden. Als Antonio Vivaldi am 23. März 1703 „in den heiligen Stand der Priester aufgenommen“ wird, hat er zahllose Litaneien, Gebete und liturgische Regeln gelernt, aber auch die Lebensregeln jener doppelbödigen, jener zärtlichen und grausamen, jener lüstern aufgeheizten und kalt berechnenden Stadt, die sich noch immer „Die Heiterste“ nennt – denn *sereno* bedeutet heiter.

La primavera

Der Frühling

Rezepte

Fiori di zucca con ripieno

Gefüllte Zucchini- oder Kürbisblüten

Für 4 Personen

Für die Füllung:
500 g zarte kleine Zucchini, in feine Streifen geschnitten
6 EL Olivenöl
Salz
1 Tasse Amaretti (Mandelmakronen)
1 EL Kakaopulver
1 TL Zucker
2 Eigelb

Die Zucchini- oder Kürbisblüten gründlich waschen und auf eventuell vorhandene Insekten untersuchen. Beiseite stellen. Das Olivenöl in einer Pfanne erhitzen und die Zucchinistreifen darin goldbraun braten. Sind sie al dente, aus der Pfanne nehmen, pfeffern und salzen. Abkühlen lassen, dann fein hacken und in eine Schüssel geben.
Die Amaretti in dieselbe Schüssel hinein zerkrümeln. Kakaopulver, Zucker und Eigelb dazugeben und alles gut vermischen. Die gewaschenen und trocken getupften Blüten vorsichtig damit füllen. Das übrige Öl in einer Pfanne erhitzen und die Blüten golden herausbacken.

Variante für die Füllung:
1 Tasse Ricotta, 2 Eigelb, 1–2 Scheiben altbackenes Brot, entrindet, eingeweicht und ausgedrückt, ½ Tasse Frühlingskräuter nach Wahl, fein gehackt, 1 Knoblauchzehe, gepresst, frisch gemahlener Pfeffer, 6 Sardellenfilets, gewaschen und gehackt. Alle Zutaten gut vermischen und die Blüten damit füllen; herausbacken, wie oben beschrieben.

Radici fumegà

Radieschen mit Räucherspeck

Diese Radieschen sind gut als Beilage zu gebratenem Geflügel geeignet.

Für 4 Personen

600 g kleine zarte Radieschen
4 EL Olivenöl extra vergine
100 g Pancetta
oder ein anderer magerer Räucherspeck
2 Zwiebeln
1 TL Kümmel

Das Olivenöl in einer schweren Pfanne erhitzen, den gewürfelten Speck und die fein gehackten Zwiebeln darin anbraten, dann die Radieschen (im Ganzen, sogar – falls es schön ist – mit einem Teil des Blattgrüns) und die Gewürze zugeben. Alles zusammen 15–20 Minuten bei geringer Hitze garen.

Polenta

Maisgriessbrei

Die Polenta ist das Verwandlungsgenie der italienischen Küche. Sie kann Beilage sein oder, mit Butter und Parmesan verfeinert, ein Hauptgericht. Sie kann dünner oder dicker, in Wasser, Milch, Fleisch-, Geflügel- oder Gemüsebrühe gekocht werden, sie kann weich und musig oder in gegrillten Scheiben auf den Tisch kommen, und sie schmeckt süß so gut wie salzig. Bei der *polenta fasiolada,* der klassisch venezianischen Version mit Borlotti-Bohnen und Speck, lässt man den Maisgrieß einfach in die Suppe mit den Bohnen einrieseln und gart so beides zusammen. Generell gilt: Der heute überall erhältliche Instant-Polentagrieß beschert zwar kein ganz so wohlschmeckendes Ergebnis, dafür kostet er weniger Muskelarbeit beim Rühren, denn er braucht nicht 45, sondern nur 10 Minuten Garzeit.

Grundrezept:

250 g Instant-Polentagriess
½ – ¾ l Wasser oder Brühe
½ l Milch

Wasser oder Brühe und Milch zum Kochen bringen (wird Wasser verwendet, 1 EL Salz beigeben), dann – alles unter ständigem Rühren – den Polentagrieß einrieseln lassen, einmal aufkochen und 10–15 Minuten weiterkochen. Soll die Polenta in erkaltetem Zustand schnittfest sein, etwas weniger Flüssigkeit verwenden und den fertigen Brei noch warm auf einem Brett ausstreichen.

Tagliatelle alla buranella

Bandnudeln nach Art von Burano

Für 6 Personen

800 g Garnelen in der Schale
(oder 600 g ausgelöste, zusätzlich Krabben- oder
Hummer- bzw. Fischfond im Glas)
3 EL Olivenöl extra vergine
200 g Butter
2 Knoblauchzehen, fein gehackt
1 Zwiebel
1/8 l Weisswein
Salz und frisch gemahlener weisser Pfeffer
4–5 EL Mehl
2 Eigelb
300 ml heisse Milch
600 g Tagliatelle
(möglichst frische)
200 g Parmesan, frisch gerieben
1 Bund glatte Petersilie
einige Blätter Zitronenmelisse
einige Bärlauchblätter
ein paar Stängel Frühlingszwiebel, fein gehackt

Die fein gehackte Frühlingskräutermischung kann ganz nach Geschmack verändert werden; wem es zu viel Arbeit ist, der kann statt der Garnelen in der Schale auch ausgelöste kaufen, dann aber, wie angegeben, eine kleinere Menge und zusätzlich Krabben- oder Hummerfond im Glas nehmen.

Die Garnelen in 1½ l kochendem Wasser ca. 10 Minuten garen. Mit dem Schaumlöffel entnehmen, mit spitzem Messer oder feiner Schere aufschneiden, aufdrücken und das Fleisch im Ganzen entnehmen. Schalen und Köpfe in den Sud zurückgeben und auf ca. 400 ml einkochen. Abseihen und heiß halten. In einer großen, tiefen Pfanne das Öl und die Hälfte der Butter erhitzen, den Knoblauch und die Zwiebel darin sanft anbraten, ohne dass der Knoblauch braun wird. Die Garnelen zufügen, den Wein angießen und kondensieren. Salzen, pfeffern und von der Flamme nehmen. In einem kleinen Topf die übrige Butter erhitzen, das Mehl einrühren, die heiße Milch und danach den Kochsud (oder den erhitzten Krabbenfond) angießen. Dauernd rühren, damit sich keine Klumpen bilden. 10 Minuten köcheln lassen.

Die Tagliatelle in einem großen Topf mit kochendem Salzwasser al dente garen, abtropfen lassen und in die Pfanne zu den Garnelen geben. Die Sauce darüber gießen, alles noch mal kurz erwärmen. Zur Seite stellen, etwas abkühlen lassen und die 2 Eigelb unterrühren. Eine ofenfeste Form ausbuttern, das Ganze hineingeben. Mit dem Parmesan, den Frühlingszwiebeln und Kräutern bestreuen und im vorgeheizten Ofen bei 180 °C golden backen.

Sogliola con basilico e pinoli

Seezunge mit Basilikum und Pinienkernen

Im April und im Mai, wenn auch das erste Basilikum gedeiht, schmeckt den Venezianern die Seezunge am besten.

Für 4 Personen

8 Seezungenfilets
3 EL Olivenöl extra vergine
24 Basilikumblätter

Für die Marinade:
6–9 EL Olivenöl extra vergine
1 Zitrone (Saft)
150 g Pinienkerne
Salz und frisch gemahlener weisser Pfeffer
3 EL Basilikum

Für die Marinade das Öl mit dem Zitronensaft verrühren, das gehackte Basilikum unterrühren, salzen und pfeffern. Die Seezungenfilets in eine tiefe, nicht metallene Schale geben, mit der Marinade bedecken und 1–2 Stunden ziehen lassen. Den Backofen auf 200 °C vorheizen, eine ofenfeste Form mit dem Olivenöl ausstreichen, die Seezungenfilets aus der Marinade nehmen (alle Basilikumblättchen zurücklassen), in die Form betten und 10–15 Minuten garen. Die Marinade währenddessen in eine kleine Kasserolle umgießen, heiß werden lassen, die gehackten Pinienkerne unterrühren, vom Herd nehmen. Die Seezungenfilets mit der Marinade begießen, fünf Minuten im Ofen fertig garen. Mit den frischen Basilikumblättern garniert servieren. Dazu passt Spinat oder Mangold, aber auch schlichter weißer Reis.

Bigoli in salsa

Vollkornspaghetti in Sauce

Am *Venar santo*, dem Karfreitag, war dieses Gericht auf fast allen venezianischen Tischen zu finden, in Vivaldis Kindheit ebenso wie in den Jahrhunderten zuvor. Es wurde allerdings auch vor anderen großen Festtagen serviert – am Heiligabend zum Beispiel, aber auch zu Beginn der Fastenzeit, am Aschermittwoch. Frische *bigoli*, eine spezielle Art dicker Vollkornspaghetti, gibt es in den venezianischen Pastaläden überall zu kaufen. *Bigoli* originalgetreu selbst zu machen, ist hingegen ein Kraftakt, denn der Teig muss in eine Presse mit großlöchriger Kupferscheibe gedrückt werden – was in Venedig deshalb traditionellerweise nicht wie bei anderen Nudelsorten die Hausfrau, sondern der Hausmann übernimmt. Der hier beschriebene Teig lässt sich aber auch durch eine normale elektrische oder handbetriebene Nudelmaschine pressen. Wem das zuviel Aufwand ist, der kauft am besten dicke Vollkornspaghetti oder -nudeln. Dass es sich bei der klassischen Sauce dazu um eine Sardellensauce handelt, ist in Venedig selbstverständlich.

Für 4 Personen

Für die Pasta:
400 g Vollkornweizenmehl
Salz
4 Eier
60 ml kaltes Wasser

Für die Sauce:
3–4 grosse milde Zwiebeln
6 EL Olivenöl extra vergine
4 EL Butter
300 g Sardellen, in Salzlake eingelegt
Salz und frisch gemahlener schwarzer Pfeffer
1 Bund glatte Petersilie

Aus Mehl, Salz, Eiern und Wasser einen glatten Teig bereiten und mit der Nudelmaschine dicke Spaghetti herstellen. Die in dünne Scheiben geschnittenen Zwiebeln in einer großen Pfanne in Butter und Öl bei geringer Hitze anschwitzen. Sind sie glasig, die Sardellenfilets im Ganzen zugeben und so lange rühren, bis sie zerfallen. Die Bigoli in reichlich sprudelndem Salzwasser al dente kochen. Abgießen, dabei 2 EL des Kochwassers zurückbehalten. Die Bigoli mit der Sauce und 1–2 EL des Kochwassers vermischen, kräftig pfeffern und salzen, mit Petersilie bestreuen und sofort servieren.

Torta di spinaci

Spinattorte

Am Pessach-Fest stand dieser Kuchen früher bei allen jüdischen Familien Venedigs auf dem Speiseplan. Die Christen, denen dieses vegetarisches Gericht weniger festtäglich als asketisch vorkam, übernahmen es dann als Fastenspeise für den *Venar santo*, den Karfreitag. Oft ersetzten sie dann auch den Spinat durch die ersten frischen Kräuter.

Für 4 Personen

1 kg frischer Blattspinat
50 g Rosinen, in Weisswein eingeweicht
50 g Pinienkerne, gehackt
30 g Zitronat, gewürfelt
5–6 Eier
Salz und frisch gemahlener schwarzer Pfeffer
Muskatnuss
etwas Butter und Mehl für die Form

Den sorgfältig geputzten und mehrmals gewaschenen Spinat in einem großen Topf bei mittlerer Hitze zusammenfallen lassen, abtropfen lassen, auspressen, auf ein großes Brett legen und fein hacken. Danach mit den gehackten Pinienkernen, dem gewürfelten Zitronat und den Rosinen in eine Schüssel geben, mit frisch geriebener Muskatnuss, Salz und Pfeffer würzen und alles gut vermischen. In eine gut gefettete und mit Mehl ausgestäubte Auflaufform geben und bei 175 °C ca. 45 Minuten backen.

Agnello in tecia con finocchi

Lamm in der Pfanne mit Fenchel

Für 4 Personen

1 kg Lammfleisch von Keule oder Schulter
2 Zwiebeln
4 Knoblauchzehen
4 EL Olivenöl extra vergine
Salz und frisch gemahlener Pfeffer
2 Gläser Weisswein
6 mittelgrosse Fenchelknollen
1 Bund glatte Petersilie
1 Bund Oregano
3 Eigelb
1 Zitrone (Saft)

Das Lammfleisch wie für ein Gulasch grob in Würfel schneiden und in einem Schmortopf im heißen Olivenöl von allen Seiten scharf anbraten. Herausnehmen und zur Seite stellen. Nun in demselben Topf fein gehackte Zwiebeln und Knoblauch anbraten, die Lammwürfel wieder hineingeben, nochmal erhitzen und mit dem Weißwein ablöschen. Zugedeckt eine ¾ Stunde auf kleiner Flamme schmoren. Den in Scheiben geschnittenen Fenchel und die Kräuter zugeben und ½ Stunde weiterschmoren. Vom Herd nehmen, Eigelb mit Zitronensaft verquirlen und mit dem Lamm vermischen. Heiß mit Polenta servieren.

PAX TIBI MAR CI
EVAN GELI STA MEVS

Fugassa de Pasqua

Osterfladen

Ob der erste Vollmond gefeiert wird oder die Auferstehung Christi: zum Frühling gehört die *fugassa*.

Für 4 Personen

600 g Weizenmehl, gesiebt
10 g Backpulver
20 g Weinstein
6 Eier, getrennt
200 g Zucker
200 g Butter, weich
⅛ l Milch
1 dl Rum
1 unbehandelte Zitrone (Schale)
1 Eigelb, verquirlt mit etwas Milch
3 EL Hagelzucker

Mehl, Backpulver und Weinstein mit den verquirlten Eidottern, der Butter, der Milch, dem Rum und der geriebenen Zitronenschale zu einem geschmeidigen Teig verarbeiten. Das steif geschlagene Eiweiß unterziehen. Den Teig in einer Schüssel, die mit einem Küchentuch abgedeckt wird, an einem warmen Ort 1 Stunde gehen lassen. Eine Springform gut ausbuttern, den Teig hineingeben und 15 Minuten antrocknen lassen, dann ein Kreuz in die Oberfläche ritzen und diese mit der Mischung aus Ei und Milch bestreichen. Die *fugassa* mit Hagelzucker bestreuen und bei 175–200 °C in der Mitte des Ofens golden backen.

Asparagi in salsa di pane

Spargel mit Brotsauce

Für 4 Personen

1 kg grüner Spargel
120 g (= 3 kräftige Scheiben)
grobes Weizenvollkornbrot
¼ l Essig
2 Eier
2 Knoblauchzehen
1 Bund glatte Petersilie
100 g Kapern
6 EL Olivenöl extra vergine
Salz und frisch gemahlener schwarzer Pfeffer

Den Spargel (beim Putzen die unteren Enden großzügig abschneiden) im offenen Topf in kochendem Salzwasser garen. Währenddessen die entrindeten Brotscheiben mit der Hälfte des Essigs tränken und ausdrücken. Dann das Brot hacken, mit den hart gekochten, klein geschnittenen Eiern, der gehackten Petersilie, den Kapern und dem gepressten Knoblauch gut vermengen. Den restlichen Essig mit Öl, Salz, Pfeffer und Knoblauch in einem kleinen Topf bei niedriger Temperatur warm werden lassen und mit dem gehackten, gewürzten Brot mischen. Den Spargel aus dem Wasser nehmen, auf einer vorgewärmten Platte anrichten und die Brotsauce darüber geben. Anschließend sofort servieren.

Frittata con erbe fresche

Omelette mit frischen Kräutern

Für 4 Personen

100 ml Vin santo
1–2 Bund Basilikum
5 Stängel Minze
1 Bund glatte Petersilie
8 Eier
1–2 TL Zimt
60 g Weissbrotbrösel
5 Stängel Bohnenkraut
3 Stängel Zitronenmelisse
100 g Butter
1 Messerspitze Piment
1 EL Olivenöl extra vergine
Salz und frisch gemahlener Pfeffer
Zimtzucker zum Bestreuen

Den Vin santo mit den möglichst frisch geriebenen Weißbrotbröseln zu einer dicklichen Masse verkochen. Vom Herd nehmen und abkühlen lassen. Die Kräuter waschen, trocknen und hacken und in der Hälfte der Butter kurz andünsten. Die Eier in eine Schüssel schlagen, die Vin santo-Masse darunter rühren, pfeffern, salzen, mit Zimt und Piment würzen. Nun die Kräuter unterheben. Das Olivenöl und die restliche Butter in einer großen Pfanne erhitzen, die Ei-Kräuter-Mischung hineingießen und bei niedriger Hitze fest werden lassen. Ist sie von unten durch und oben bereits gestockt, einen Teller oder Deckel in der Größe der Pfanne darauflegen, das Ganze umdrehen und die *frittata* mit der erst gestockten Seite voran wieder in die Pfanne gleiten lassen. Auch auf dieser Seite sanft backen. Je ein Viertel auf die vorgewärmten Teller setzen und heiß mit Zimtzucker bestreut servieren.

Zu Vivaldis Zeiten, Hunderte von Jahren davor und auch noch heute wird dieses Gericht am 25. April in ganz Venedig gekocht – zu Ehren des heiligen Markus, dessen Namenstag in der Laguna di San Marco natürlich euphorisch gefeiert wird. Schließlich soll die Markuskirche über dem Sarg mit den Gebeinen dieses Apostels errichtet worden sein. Dass an diesem Feiertag traditionell *Risi e bisi* serviert wird, hat allerdings keinen christlichen Hintergrund: Reis ist in vielen Kulturen – auch in der italienischen – ein Glückssymbol, weswegen ja auch die Brautpaare damit beworfen werden. Eigentlich symbolisiert der Reis ganz anschaulich Fruchtbarkeit, denn seine Erscheinungsform erinnert an Samen. Und Fruchtbarkeit galt im übertragenen Sinn auch als Reichtum. *Bisi* ist die venezianische Kurzform von *piselli*, und das wiederum kommt vom lateinischen Wort *pisum*, womit im antiken Rom die getrocknete Erbse gemeint war. Die frische grüne Erbsenpflanze kam wahrscheinlich aus Indien nach Europa, und zwar zuerst – mit den üblichen Ladungen an Aromen, Seiden und Gewürzen – nach Venedig. Zusammen mit frischer Petersilie ergeben *Risi e bisi* eines der klassischen Frühlingsgerichte. Es am Markustag aufzutischen, war so wichtig, dass die Venezianer die Erbsen zur Not sogar aus dem feindlichen Genua importierten.

Risi e bisi

Reis mit Erbsen

Für 4 Personen

1 Petersilienwurzel
1 Zwiebel
1 l Gemüsebrühe
2 EL Olivenöl extra vergine
2 Stangen Bleichsellerie
2 milde Zwiebeln
Salz und frisch gemahlener Pfeffer
500 g Risottoreis (Vialone, Carnaroli oder Arborio), ungewaschen (sonst wird er nicht leimig, wie es sich gehört)
¼ l trockener Weisswein
125 g Butter
1 EL Anissamen
1 Bund glatte Petersilie
200 g Parmesan, frisch gerieben

Die Erbsen enthülsen und die Schoten mit den Zwiebelvierteln und der Petersilienwurzel in einen Topf geben, mit Wasser bedecken und zu einer Brühe kochen. Das Olivenöl erhitzen, gehackte Zwiebeln und klein geschnittene Sellerie darin glasig werden lassen. Nun die Erbsen, frisch gemahlenen Pfeffer und etwas Salz zugeben, dann den Reis hineingeben, alles gut umrühren und wiederum glasig werden lassen. Löffelweise die Gemüsebrühe zugeben (immer erst dann, wenn der Reis die Flüssigkeit aufgesogen hat, nachgießen). Zum Schluss den Weißwein hineinschütten, den Topf vom Herd nehmen. Butter, gehackte Petersilie und Anissamen unterrühren und mit dem frisch geriebenen Parmesan servieren.

Trota con ripieno alla veneta

Forelle mit venezianischer Füllung

Ebenfalls an San Marco wurde diese delikate Forelle aufgetischt – allerdings nur auf den Festbanketten der gut Betuchten, denn Süßwasserfische galten in der Lagunenstadt als erlesene Delikatesse.

Für 4 Personen

8 Forellenfilets oder vier küchenfertige ganze Forellen
50 g Pinienkerne
50 g Rosinen, in Weisswein eingeweicht
30 g Kapern
30 g schwarze Oliven
1 Bund glatte Petersilie
2 Knoblauchzehen
1 Zitrone (Saft)
Weissbrotbrösel oder Semmelbrösel zum Binden
ca. 5 EL Olivenöl extra vergine
Salz und frisch gemahlener schwarzer Pfeffer
1 dl Weisswein

Pinienkerne, Rosinen, Kapern, Petersilie und Knoblauch fein hacken und mit Zitronensaft, Olivenöl und Semmelbröseln zu einer Paste verrühren; salzen und pfeffern. Vier Forellenfilets gut trocken tupfen, mit der Paste bestreichen und jeweils die andere Hälfte des Filets darauf legen. Oder die vier Forellen innen etwas ausbuttern und dann mit der Paste füllen. Den Backofen auf 180 °C vorheizen. Eine feuerfeste Form mit Olivenöl ausstreichen, die Forellenfilets hineinsetzen und ca. 15–20 Minuten backen. Ganze Forellen brauchen doppelt so lang. Während des Backens gelegentlich mit Weißwein übergießen. Heiß servieren.

Maiale al latte

SCHWEINEBRATEN IN MILCH

FÜR 4–6 PERSONEN

1 KG SCHWEINEKEULE, AUSGELÖST
2 KNOBLAUCHZEHEN
1 BUND SALBEI
6–8 ZWEIGE ROSMARIN
1 TL PFEFFERKÖRNER, GROB ZERSTOSSEN
1 FLASCHE WEISSWEIN
6 EL BUTTER
1 L MILCH
½ TL ZIMT
GEWÜRZNELKEN, GEMAHLEN
MUSKATNUSS
SALZ UND FRISCH GEMAHLENER SCHWARZER PFEFFER

Die Kräuter fein hacken, mit den Pfefferkörnern, dem Knoblauch im Ganzen und dem Weißwein in eine große Schüssel geben und das Bratenfleisch darin im Kühlschrank zwei Tage marinieren. Herausnehmen, trocken tupfen und in einer Kasserolle in der Butter von allen Seiten anbraten. Soviel Milch zugießen, dass der Braten gerade damit bedeckt ist, und auf kleiner Hitze 2 Stunden köcheln lassen. Den Braten entnehmen, auf einer Platte in den vorgeheizten Backofen stellen. Den Milchsud zu einer sahnigen Creme einkochen, mit Zimt, Nelken und Muskat würzen, pfeffern, salzen. Den Braten in Scheiben schneiden, mit der Sauce übergießen und zusammen mit Polenta oder Tagliatelle servieren.

Zabaione

WEINSCHAUMCREME

Weil man sich auch in Venedig vom Mai, in dem alles austreibt, sexuelle Energie und Fruchtbarkeit versprach, wurde bevorzugt im Mai geheiratet. Am Ende des Festmahls, kurz vor der Hochzeitsnacht, wurde dem Brautpaar diese Süßspeise verabreicht, weil sie zu Kräften verhelfen soll – das Ei, das symbolisch Leben enthält, gehört nun einmal zu den ältesten Aphrodisiaka der Welt. Aber auch als Junggeselle kam Vivaldi – als Musiker von Jugend an zu vielen Hochzeiten geladen – in den Genuss dieses Desserts.

FÜR 6 PERSONEN

8 EIGELB
12 EL ZUCKER
3 DL SÜSSWEIN (MADEIRA, WEISSER PORT)
1 KRÄFTIGE PRISE ZIMT
1 KRÄFTIGE MESSERSPITZE ECHTE VANILLE

Eigelb und Zucker in einen mittelgroßen Metalltopf geben und so lange mit dem Schneebesen rühren, bis eine schaumige, hellgelbe Masse entsteht. Nun den bereit gestellten Süßwein, den Zimt und die Vanille zugeben. Anschließend die Creme im siedenden (nie sprudelnd kochenden!) Wasserbad auf kleiner Flamme unter dauerndem Rühren erhitzen, bis sie dick wird. Achtung! Die Creme darf auf keinen Fall kochen. Warm in Dessertschalen geben und entweder sofort oder lauwarm bzw. kühl servieren.

Amaretti veneziani

Venezianische Bittermandelmakronen

Für 40–50 Stück

500 g süsse ungeschälte Mandeln
50 g ungeschälte Bittermandeln
500 g Zucker
4 Eiweiss
1 TL Zimt
1 TL Kirschwasser
1 unbehandelte Zitrone (Schale)
1 Prise Salz

Das Eiweiß zu sehr steifem Schnee schlagen. Zucker, abgeriebene Zitronenschale, Zimt, Salz, Kirschwasser und die fein gehackten Mandeln vorsichtig in dem Eischnee unterheben. Ein Backblech gründlich buttern, von der Mandelmasse mit zwei Teelöffeln walnussgroße Stücke abstechen und nicht zu eng nebeneinander auf das Backblech setzen. Flach drücken und im vorgeheizten Ofen bei 175 °C 20 Minuten backen.

Der Sommer seines Lebens

Machtkampf im Talar

Die Hitze des Sommers, vor der die Reichen der Stadt in ihre Landvillen fliehen, weil die Kanäle unerträglich stinken und die Gassen glühen, ist schon vorbei. Üblicherweise ist der September mild in Venedig und lässt oft schon die kühle Nässe des Herbsts ahnen. Doch für Antonio Vivaldi beginnt im September 1703 der Sommer des Lebens. Es wird warm um ihn her, sinnlich und hoffnungsfroh. Denn er bekommt die Stelle, die ihm tausend Mal wichtiger ist als das würdigste geistliche Amt: Er wird Geigenlehrer am Ospedale Santa Maria della Pietà – eine Position, um die ihn viele Musiker beneiden. Das an der Riva degli Schiavoni liegende und kurz „Pietà" genannte Haus ist eines von vier *ospedali* – wörtlich: Hospitale – in Venedig. Eigentlich sind sie als wohltätige Einrichtungen gedacht, in denen verwaiste Kinder aufgenommen wurden, aber auch solche, die der Armut ihrer Eltern oder ihrer unehelichen Geburt wegen ausgesetzt worden waren. Hier, in den Ospedali, bekamen sie die Chance, eine Ausbildung zu absolvieren und später selbst für ihren Unterhalt zu sorgen. Dass dieses soziale Angebot oft missbraucht wurde, verrät eine Inschrift, die heute noch auf einer Steintafel in der Seitenmauer des Ospedale della Pietà zu lesen ist: „Gott schleudert Verfluchung und Exkommunikation gegen jene, die ihre kleinen Söhne und Töchter in diesem Spital abgeben oder abgeben lassen, obwohl sie Mittel und Möglichkeiten hätten, sie aufzuziehen."

Diese Warnung verweist bereits auf eine neue Doppelbödigkeit, mit der Vivaldi nun zu tun bekommt: Jeder weiß oder ahnt zumindest, dass viele reiche Venezianer, oft aus den ruhmreichen Adelsfamilien, am Schalter des Ospedale ihre Töchter abgeben, um sich die Kosten zu ersparen, die das Mädchen verursachen wird.

Von den vier Konservatorien – Santa Maria della Pietà, Mendicanti, Incurabili und Ospedaletto – hat die Pietà einen besonders guten Ruf. Musikalisch jedenfalls. Moralisch weniger – aber das macht dieses Haus nur interessanter. Vivaldi lebt dort inmitten einer Atmosphäre der Doppelbödigkeit: Nach außen hin verkörpern die Mädchen von der Pietà Reinheit, Unschuld. Und für die Fremden erhöht ihre rätselhafte Herkunft und die jungfräuliche Anmut in weißen Kleidern, geschmückt mit Geraniensträußchen, den Reiz.

Mehr denn je zieht die schillernde Serenissima, von allem ernsthaften Streben befreit, die Reisenden an. Solche, die der großartigen Architekturen und solche, die der schönen Huren wegen kommen, viele, die sich hier gehen lassen wollen wie in einem Vergnügungsviertel, aber auch einige, die von der Musikszene der Stadt fasziniert sind – Instrumentalisten, Sänger, Impresarii, Mäzene, musikbesessene Laien, Kantoren, Adlige, die sich ein eigenes Orchester halten, oder die Leiter irgendwelcher Musikvereinigungen. Und nicht wenige nehmen sich, sei es als Souvenir, sei es als Stoff für eigene Auftritte, eine Originalpartitur mit, ob da nun ein Choral notiert ist, eine Arie oder ein Konzert. Der junge Priester kommt schnell dahinter, dass mit Notenverkauf zusätzliches Geld zu machen ist. Und Geld spielt in venezianischen Musikerkreisen eine mächtige Rolle.

Dass jeder sich um einen Posten in der Capella di San Marco bemüht, hat sicher auch den Grund, dass die Basilika das wichtigste Gotteshaus der Stadt ist – schon allein, weil der Doge dort seinen Gottesdienst absolviert. Aber neben der Währung Eitelkeit geht es hier auch um die harte eigentliche: der *primo maestro* von San Marco kassiert spätestens seit Monteverdis Zeiten ein Spitzengehalt und nachdem für die Musiker ebenfalls erstklassige Honorare ausgegeben werden, könnte dort die europäische Elite spielen. Könnte – gingen die Prokuratoren, die zu entscheiden hatten über alle Stellenvergaben, nach musikalischen und nicht nach strategischen Gesichtspunkten vor. Für diese Herren aber zählt es mehr, wie welcher Gambenspieler oder Geiger eingebunden ist in ihr höchst privates Netzwerk. Vetternwirtschaft ist das Prinzip, nach dem hier alles funktioniert und wer an den Schaltstellen der Macht keine Vettern sitzen hat, der muss sich Vettern kaufen. Vivaldi hat keine Schwierigkeiten, die Gesetze dieses Daseins zu befolgen, denn Skrupel haben ihm die Padres der lässigen bis nachlässigen Pfarreien mit Sicherheit nicht anerzogen. Mit Skrupeln kann in dieser Stadt zu dieser Zeit keiner etwas anfangen, geschweige denn Karriere machen. Schließlich ist Venedig, wie der Reisende François Misson in seinen Aufzeichnungen schon staunend bemerkt, der einzige Platz, wo „Priester und Mönche das Recht haben, während der Karnevalszeit Masken zu tragen, ihre Konkubinen auszuführen, als Sänger auf der Bühne zu erscheinen und überhaupt zu tun, was ihnen gefällt".

Jetzt bekommt Vivaldi Zugang zum Venedig der einstmals großen Familien, die ihre entschwundene Wichtigkeit durch Verschwendung ersetzen. Jede von ihnen, die Mocenigo, die Zenobio, die Contarini, verfügt über mindestens zehn Gondeln, die an den Pfosten vor den Palasttoren warten. Viele von ihnen haben auf der *terra ferma* eine Villa gebaut. Denn dorthin fliehen sie, wenn der Gestank der Kanäle unerträglich wird, und lassen die Musik ihrer Feste in verklärten Parks zum Himmel aufsteigen.

Er ist keinen Umweg gegangen, der junge Musiker, nein: Er hat den einzig richtigen, möglichen und kürzesten Weg gewählt, als er Priester wurde. Nur so überspringt er die gesellschaftlichen Barrieren, hinter denen er als Geiger allein zurückbleiben müsste. Nun aber lernt er, als Geistlicher zugelassen, als Virtuose begehrt, jenes Venedig kennen, das seinem Untergang sinnentrunken entgegentaumelt. Und es scheint ihm zu gefallen.

Jetzt kommt der junge Priester auch auf den Geschmack am doppelten Genuss, der Venedigs Küche ausmacht: Von Kind an kennt er schon die gute, deftige und oft exotisch gewürzte Hausmannskost; jetzt lernt er jene venezianische Esskultur kennen, die weltweit ihresgleichen sucht. Weil sie seit Jahrhunderten aus der Ferne, vom Fremden, vom Exotischen inspiriert worden war. Was sich alles durch Zucker verändern lässt, wussten die Venezianer schon mehr als dreihundert Jahre vor Vivaldis Geburt. Seither jonglieren sie so lustvoll und fantasievoll mit süß und salzig, sauer und bitter wie die kreativsten Köche von heute. *Agrodolce* steht nicht nur über vielen venezianischen Rezepten, es steht wie ein Motto über der Serenissima in ihren letzten bittersüßen Jahrzehnten, deren Image das einer alternden Diva ist – pikant dekadent, reizvoll verlebt, aufregend lasziv, aber ohne Zukunft.

Eine Ausnahme ist Vivaldi da in einer Hinsicht bestimmt nicht: als exzentrischer Priester, der die geistliche Kluft nur als Deckmantel trägt – und als Schutzmantel vor bürgerlichen Verpflichtungen. Viele Venezianer gehen diesen bequemen

Weg des geringsten Widerstandes. Auf ungefähr 25 Bürger kommt ein Priester. Vibrierte jeder von ihnen vor klerikalem Tatendrang und seelsorgerischer Hilfsbereitschaft, dann fände sich in Venedigs zahlreichen Pfarreien nie genug zu tun. Doch ein großer Prozentsatz von ihnen vibriert vor Lebenslust, vor intellektuellem Forscherdrang – oder vor musikalischer Schaffenskraft und Ehrgeiz, wie Antonio Vivaldi. Und nichts behindert ihn mehr dabei, ein Komponist von internationalem Renommee zu werden, als ein strenges Korsett liturgischer Termine. Wie und wie schnell sich Vivaldi davon befreit hat, wird ihm allerdings erst dann zum Vorwurf gemacht, als sein Stern bereits zu sinken beginnt. Bis dahin nimmt man seinen Lebensstil, möglichst wenig mit dem Kirchenamt und möglichst viel mit Musik zu tun zu haben, schweigend hin – typisch für jenes doppelgesichtige Venedig. Vivaldi selbst gibt von Anfang an gesundheitliche Gründe an dafür, dass er seinen Verpflichtungen als Geistlicher nur sehr bedingt nachkommt: „Kaum zum Priester geweiht, habe ich ein Jahr oder wenig länger die Messe zelebriert, es dann aber aufgegeben, da mich meine Krankheit dreimal zwang, den Altar zu verlassen, ohne die Messe zu Ende lesen zu können. Deswegen lebe ich fast dauernd zu Hause und fahre nur in der Gondel oder im Wagen aus, weil ich wegen meiner Brustkrankheit, einer Atemnot, nicht laufen kann." Nicht sehr glaubhaft klingt dagegen seine Behauptung, diese Krankheit – wahrscheinlich eben jenes angeborene Bronchialasthma – habe ihn zum gesellschaftlichen Außenseiter gemacht. Im Gegenteil: Schließlich ist verbürgt, wie viele Festkonzerte Vivaldi von der Geige aus dirigiert – eine wohlgemerkt nicht geringe körperliche Anstrengung –, wie oft er selber Uraufführungen leitet und wie intensiv er Kontakte zu adligen Musikliebhabern pflegt. Denn ohne soziales Öl läuft in Venedig gar nichts. Als der Sommer seines Lebens beginnt, verabschiedet sich Vivaldi von allem, was ihn als Kirchenmann beengt – nur der Name bleibt: *prete rosso*, Roter Priester, nennt ihn jeder in der Stadt, und der Spitzname ist so verbreitet, dass viele meinen, sein Familienname laute Rosso oder Rossi. Dabei hat er diesen Titel nur seinem roten Haar zu verdanken, das in Venedig auffällt. Er selbst fällt ebenfalls auf und das ist im musikergesättigten Venedig eine Leistung.

Vivaldi ist hoch begabt – was sein geigentechnisches Vermögen, was seinen musikalischen Einfallsreichtum, aber auch was das strategische Können angeht. Gasparini, der offizielle *maestro di coro* im Ospedale della Pietà, ist ein erfolgreicher Mann und ein Freund von Giambattista, Antonios Vater. Inoffiziell übernimmt Vivaldi dessen Posten bald, weil Gasparini, kränkelnd und als gebürtiger Luccheser venedigmüde, sich anderweitig orientiert. Und als Friedrich IV., König von Dänemark und Norwegen, offiziell unerkannt – er tritt mit Karnevalsmaske auf –, dezidiert wünscht, die süßen Mädchen von der Pietà musizieren zu hören, erlebt er sie „unter der Leitung des Meisters ..., der die Stelle des abwesenden Direktors Gasparini eingenommen hat". Inoffiziell natürlich, denn so wird hier vieles geregelt. Vivaldis Vater bildet mit seinem Sohn sein langes Leben lang eine Seilschaft, denn Giambattista musiziert nicht nur an Theatern, er hat dort auch viele Freunde. Diese intime Art der Stellen- und Auftragsvermittlung ist in den Kreisen der Musiker hier ebenso üblich wie in jenen der Kleriker.

Wie sich Venedig benimmt, nicht nur auf den Straßen, sondern auch in den Kirchen, sorgt im Vatikan für Empörung. Das fängt damit an, dass die Venezianer es offenbar langweilig finden, wenn sich ein Oratorium an biblischen Themen emporrankt, ohne rechte Handlung, ohne zum Lachen oder zum Weinen zu verführen. Ihnen gefallen vertonte Heiligenlegenden entschieden besser, schon weil sie näher an der Oper sind und so schön melodramatisch. Und wenn einer einmal zu einer biblischen Geschichte greift, dann nur, um sie allegorisch zu deuten. Schließlich wird hier nicht zum Ruhm Gottes musiziert, sondern zu jenem der Serenissima. Was ganz ungeniert, sogar schriftlich verkündet wird. Nicht an dem Doppelleben als solchem, das hier Alltag ist, stoßen sich der Papst und die Kurie, denn das kennt man im Vatikan ja auch: Nein, es ist die Offensichtlichkeit, mit der Venedig heilige Regeln einfach ignoriert. Die Venezianer machen keinen Hehl daraus, dass es ihnen bei der Kirchenmusik nicht um Erbauung, sondern um Unterhaltung geht. Gottgefällig zu sein hat eigentlich doch jeder Maestro an den Ospedali. Doch die Maestri wollen vor allem dem reichen Publikum gefallen. Schließlich sind sie davon abhängig, gut anzukommen bei den Damen und Herren der Gesellschaft, denn die finanzieren sie. Und wer es sich mit seinem Gönner verdirbt, weil der die Musik an einem anderen Ospedale mitreißender findet, muss sich um einen neuen kümmern. Auch Vivaldis Gehalt wird von Mäzenen bezahlt. Der Stress, dem er dadurch ausgesetzt ist, diese Hektik inmitten der vermeintlichen Beschaulichkeit

eines klösterlichen Lebens, wird deutlich in den Annalen der Pietà: Vivaldi, längst ein anerkannter Musiker, ein ausgewiesener Star-Virtuose muss mit der Demütigung leben, dass ein Verwaltungsrat alljährlich neu darüber entscheidet, ob das Geld der Gönner weiterhin in den Maestro Vivaldi investiert wird oder nicht. Jedes Jahr kann er den Job verlieren – und mehrmals verliert er ihn tatsächlich. Im September 1703 wird Vivaldi als *maestro di violino* für sechzig Dukaten Jahresgehalt angestellt. Zum gleichen Datum bekommt er das Amt eines Kaplans – eine *mansoniera* – übertragen, mit der Pflicht, täglich die Messe zu lesen. Jahresgehalt: achtzig Dukaten. Obwohl Vivaldi nur 45 statt neunzig Messen gelesen hat, wird im September 1705 seine *mansoniera* erneuert – das heißt: wieder ein sicheres Gehalt von achtzig Dukaten im Jahr; offenbar mag ihn die Spenderin. Doch Ende November 1706 läuft Vivaldis *mansoniera* aus und keiner erwägt eine Prolongation für den eitlen, ehrgeizigen Priester. Im Februar 1709 stimmt die Pietà wieder ab über die Anstellung von Maestro Vivaldi: Er verliert die Stelle. Erst zwei Jahre später wird er nach einstimmigem Beschluss des Verwaltungsrats wieder angestellt. So geht es jahrzehntelang hin und her. Selbst auf der Höhe seines Ruhms ist Vivaldi diesem Spiel hilflos ausgesetzt. Aber er findet sich damit zurecht, weil er sich längst allen diesen schizoiden Gegebenheiten anzupassen gelernt hat. Sich auf die richtige Seite zu schlagen, ist eine Frage der genauen Beobachtung, die Seite rechtzeitig zu wechseln, eine des Instinkts. Musik ist schließlich hier in Venedig nicht nur eine Form der Zerstreuung, sondern auch der Auseinandersetzung. Da sind die adligen Nonnen von San Lorenzo und Santa Maria Celesta. Von stiller Einkehr und Weltentsagung ist den Damen im Kloster allerdings nichts anzumerken: Während ihre weltlichen Cousinen mit teuren Roben und hübschen Liebhabern untereinander konkurrieren – der *cicisbeo*, der vom Ehemann geduldete Dauerhausfreund, gehört zum guten Ton –, schlagen sie sich darum, wer in seinem Kloster die bessere Musik zu bieten hat. Vivaldi lässt sich gern dafür bezahlen, das Lager der Schwestern von San Lorenzo zu stärken, liefert Kompositionen, Komplimente und Kontakte zu guten Instrumentalisten. Mit Frauen kann er umgehen – schließlich hat er es rund um die Uhr nur mit dem weiblichen Geschlecht zu tun, denn seit Jahrzehnten ist die Pietà nur noch für Mädchen da. Es scheint nötig, das männliche Lehrpersonal zu beaufsichtigen, denn in allen Unterrichtsstunden ist eine *maestra della battuda – battuta* heißt das Schlagen –, eine Aufsichtsdame und Zuchtmeisterin also, gegenwärtig. Die Versuchung geht wohlgemerkt nicht nur von den Lehrern aus: Die Mädchen, auch wenn sie wie die Engel singen und spielen und viele von ihnen zu Stars der italienischen Musikszene aufsteigen, benehmen sich so kokett, als seien sie in einem Salon zugange. Reisende notieren mit mehr oder weniger echter Entrüstung in Briefen und Tagebüchern, dass sich die Mädchen in den Ospedali Locken drehen, dass sie Dekolletees tragen, Schmuck und Schminke. Mit den musikalisch unbegabten Schülerinnen, den *figlie di commun*, hat Vivaldi nichts zu tun, er bekommt nur die zu Gesicht, die sich *figlie di coro* nennen, die eine schöne Stimme und Talent zum Musizieren haben. Und nachdem sie ja keinen Nachnamen besitzen, führen sie wie einen Zunamen hinter dem Vornamen ihr Instrument oder die Stimmlage: *Lucia del violin* heißen sie dann oder *Maddalena organista* oder auch *Barberina del soprano*. Die fortgeschrittenen Schülerinnen bringen den Anfängerinnen die Grundlagen bei und werden selbst von Mitschülerinnen weitergebildet, die schon mehr können. Virtuosen wie Vivaldi unterrichten dort nur die Hochbegabten – und das sind Musikerinnen von internationalem Format. Ein Mädchen namens Chiaretta della Pietà, heißt es, sei allen anderen Violinisten Italiens überlegen.

Venedig in seiner Doppelmoral befindet es offenbar als natürlich, wenn die Lehrer ihren begabten jungen Schützlingen Avancen machen und als derart unnatürlich, wenn einer wie Vivaldi die Chance nicht nutzt, dass sie das Gerücht kolportieren, der *prete rosso* sei kastriert. Nachdem Giambattista Vivaldi früher so großen Ehrgeiz an den Tag legte, den Sohn zum Musiker zu machen, gibt es genügend Stoff für Mutmaßungen: Könnte doch sein, dass er als Bub wegen einer Sängerlaufbahn zum Eunuchen gemacht worden ist, was anscheinend nicht den gewünschten stimmlichen Erfolg gezeitigt hat.

Vivaldi ist Venezianer, er kennt die Gesetze des Rufmords und weiß, dass Verteidigung dem Klatsch nur noch mehr Nahrung gibt. Immerhin hat er mächtige Freunde, denn er hat nicht nur durch die berühmten Besucher der Pietà-Konzerte beste Beziehungen, er ist zu Hause in den mondänen Kreisen der Stadt, in den Salons, in denen Politik gemacht wird. Und er weiß, wie er sich die Gunst der Mächtigen sichert: Bereitwillig tritt er unentgeltlich bei Benefizkonzerten auf, die von einflussreichen Venezianern veranstaltet

werden. Selbstverständlich ist der *prete rosso* ein gern gesehener und gehörter Gast in den Palazzi und seine Mitleid heischende Behauptung, einen röchelnden und hustenden Dauerkranken wie ihn wolle keiner bei sich am Tisch haben, können nur Leute von auswärts glauben, die weder Vivaldi noch die venezianischen Verhältnisse kennen. Bei den Ottoboni, die im Sestiere Cannaregio einen der prächtigsten jener Palazzi besitzen, die den Canal Grande säumen wie eine Juwelenkette, wird der Maestro von der Pietà freudig und oft bewirtet. Und die Bankette solcher Familien sind legendär. Für deren Unterhaltungswert werden sämtliche Konzessionen gemacht – da werden Gesetze, Statuten und gerne auch die Regeln des Anstands vergessen.

Sich zu überbieten, ist nach wie vor das Anliegen der vermögenden Venezianer. Und das lassen sie sich einiges kosten. Wer sich als Dauergast in der Serenissima aufhält, muss das genauso akzeptieren wie die Einheimischen. Auch Graf Ercolani, der kaiserliche Gesandte in der Stadt, weiß, was er seiner Bedeutung schuldig ist. *Panem et circenses* – Brot und Spiele: Dieses Thema wird im Venedig Vivaldis in seiner luxuriösesten Variante geboten. Prachtvolle Menüs allein reichen nicht, circensisches Vergnügen muss her, wo einer den anderen zunichte macht vor den Augen und Ohren des Publikums. Also lädt der Graf zwei Kontrahenten ein – beide gleich schnell, gleich geübt, gleich stark. Rueta heißt der eine, Vivaldi der andere. Es darf gewettet werden. Rueta ist der, auf den die Freunde des Kaisers setzen, denn dieser Stargeiger ist offiziell dessen Schützling. Was den Wettkampf der beiden noch pikanter macht: Beide sind sie Kleriker, die ja eigentlich nur um die Gunst Gottes, nicht der Gesellschaft bemüht sein sollten.

Pünktlich treten sie an, durchtrainiert und kampfbereit, bewaffnet mit ihrer Geige und ihrem Bogen. Ein Virtuosenduell, das schließlich unentschieden beendet worden sein soll. Da ist Vivaldi 29 Jahre alt und in seiner Heimatstadt längst ein Prominenter. Er weiß, wie Bordeaux schmeckt und Champagner, er hat von allen Zubereitungsarten des Luxus gekostet. Noch immer lebt er mit seinem Vater unter einem Dach, noch immer in sehr bescheidenen Gegebenheiten – auch wenn sie 1711 ganz in der Nähe von Vivaldis Geburtshaus in etwas lichtere Verhältnisse umziehen, bei der Pfarrei San Provolo. Und fast die ganze Vivaldi-Sippe lebt, von Giambattistas nicht gerade üppigen Honoraren abgesehen, von dem, was der Älteste heimbringt.

Vivaldi gewinnt an Bedeutung: Er ist 27, als 1705 im venezianischen Verlag Sala sein Opus 1 erscheint – Triosonaten. Trotzdem verbucht ihn der Fremdenführer durch Venedig von Vincenzo Coronelli im Jahr darauf nur, wie seinen Vater, als namhaften Geiger. 1709 erscheinen zwölf Violinsonaten von Vivaldi als Opus 2 und 1711 endlich seine erste Konzertsammlung: *L'Estro armonico*. Vivaldi ist als Komponist anerkannt. Und zwei Jahre danach erobert er auch noch die Oper: In Vicenza wird sein erstes Bühnenwerk, *Ottone in villa*, aufgeführt.

Dass den Geistlichen ausgerechnet die weltliche Kunst der Oper so sehr reizt, ist zwar auch wieder eines jener doppelbödigen Phänomene, trotzdem leicht nachzuvollziehen: Nirgendwo hat die Oper mehr Bedeutung als in Venedig, denn sie ist keine Angelegenheit weniger, sie ist Allgemeingut. Schon 41 Jahre bevor Vivaldi geboren wurde, hatte mit dem Teatro San Cassiano das erste Opernhaus der Welt seine Türen geöffnet. Schlag auf Schlag waren die Theater Santi Giovannni e Paolo, San Moisè, Sant'Angelo und – in Vivaldis Geburtsjahr – San Giovanni Crisostomo gefolgt. So fromm sie sich nennen – immer nach dem Kirchensprengel, in dem sie liegen –, so artig die meisten Operntitel klingen, so wenig fromm und artig ging es dort zu. Die Häuser gehörten reichen Patriziern, betrieben aber wurden sie entweder von einem Theaterunternehmer oder von einem Impresario, den die Besitzer anstellten. Auch wenn die Häuser von Anfang an ausgebucht sind, bleibt das Ganze für die adligen Eigentümer meistens ein Zuschussgeschäft. Aber offenbar macht es ihnen Spaß, auf diese Weise beizutragen, dass der Vergnügungspark Venedig noch verführerischer wird. Außerdem erhöht sich der Reiz des Spektakels von den Logen aus gesehen, wo die maskierten *nobilòmeni* mit ihren Mätressen schäkern, wenn unten im Parkett Gedränge herrscht und die Erregung stöhnt, schluchzt, lacht und schreit. Kerzenstümpfe wurden runtergeworfen, und wenn sich eine Glatze zeigte, wurde darauf gespuckt, heißt es in zeitgenössischen Berichten. Der Adel finanziert sein eigenes Amüsement. Es gibt aber auch bürgerliche Unternehmungsgeister, die, vom Virus Oper infiziert, das Risiko eingehen, ein eigenes Haus zu eröffnen. Francesco Santurini etwa, der erst das San Moisè gepachtet hatte und dann, nachdem er gekündigt worden war, selbst ein neues Opernhaus baut – das Teatro Sant'Angelo. Vivaldi drängt es, auch in diesem Teilbereich musikalischen Lebens mitzumischen, und er schafft es auf Anhieb: *Ottone* kommt beim Vicentiner Publikum blendend an, die Venezianer können nicht umhin, das zu registrieren. Vivaldis Erfolg ist Aufsehen erregend – noch nicht genug für seine eigenen Maßstäbe, schon etwas zuviel für seine Neider. Denn stetig gewinnt der Rote Priester an höchst irdischer Macht: Im Herbst 1713 – er ist erst 35 Jahre alt – wird er Impresario des Teatro Sant'Angelo in Venedig, um es als Hauskomponist und Unternehmer aus der Finanzkrise zu reißen. Denn Santurini ist bankrott, nachdem er den Prozess gegen einen deutschen Opernkomponisten verloren hat. Und er ist ohnehin eine umstrittene Figur; der Adel boykottiert sein Haus weitgehend, und wer sein Geld nur von den *popolani* kassiert, muss um jeden Preis volkstümlich sein, dabei aber sparen, wo es geht. Santurini tat das unüberhörbar bei den Honoraren der Sänger, was ihn wiederum das Publikum kostet. In dem Augenblick, als Vivaldi in die Geschäfte des Sant'Angelo aktiv eingreift, tritt er auch ein in die Kulturpolitik der Stadt, die viel Intrige kennt und wenig Gnade. Aber noch sind die frostigen Zeiten fern, noch ist es Sommer in Vivaldis Leben. Vivaldi gewinnt mit dieser Position jedenfalls großen Einfluss auf das gesamte Musikgeschehen der Stadt. Und doch verliert er mehr und mehr den Boden unter den Füßen. Er weiß, wie man sich vor wem verneigt, was man wo sagt, welche Floskeln ein Conte und welche eine Principessa erwartet. Manieren, Riten, Formeln – sie sind in jenem wankenden Gebilde Venedig wichtiger denn je.

Riso in bona manera heißt eines der klassischen venezianischen Gerichte – Reis auf die gute Art. Dass die Venezianer gerade traditionelle Zubereitungsarten so sorgsam hüten und bewahren, ist Ausdruck einer Sehnsucht nach unveränderlichen Werten. Indem sie darauf pochen, dass an oft mittelalterlichen Rezepten und Rezepturen nichts, aber absolut gar nichts geändert wird, versuchen sie im Kleinen das zu finden, was sie im Großen in ihrer schwimmenden Stadt letztlich nie finden können: Stabilität.

Riso in bona manera

Wenn du Reis auf die beste Art für 12 Personen kochen willst, nimm 2 Pfund Reis, 2 Pfund Mandeln und 1½ Pfund Zucker. Nimm den Reis und wasch ihn, bis er sauber ist. Mahle die sauber gewaschenen Mandeln und setze sie mit klarem Wasser an. Dann gieße sie durch ein Sieb. Bring den Reis mit Wasser zum Kochen. Wenn das Wasser siedet, schäume zuerst ab, und dann gieße das

Wasser weg. Nun gibst du die Mandelmilch dazu. Rühre ständig, damit das Gericht nicht verdirbt. Wenn der Reis zu dick wird, gieße noch mehr Mandelmilch dazu. Bevor er ganz weich ist, füge den Zucker bei.
Dieser Reis muss weiß und sehr dick sein. Wenn er auf den Tellern angerichtet ist, bestreue ihn nochmals mit Zucker.

Libro di cucina del XIV secolo

Was die „gute Art" ist, hat jeder zu wissen. Die Hausfrauen und Köche, wenn es um den Reis, die Künstler und Karrieristen, wenn es um den guten Ton geht. Vivaldi weiß, was sich gehört, aber er weiß nicht mehr, wo er hingehört. Als er das Sant'Angelo übernahm, hat er nämlich endgültig die geschäftliche Unschuld aufgegeben. Vivaldi weiß, was er tut, denn er kennt Francesco Santurini, den eher berüchtigten als berühmten Gründer des Hauses. Schon seit Jahren teilen Giambattista und Antonio mit ihm an vielen Abenden die Suppe, den Wein und die Geheimnisse. Und offenbar spürt er selbst seine Entwurzelung. Jedenfalls tritt er 1718 eine Reise an, die wie eine Flucht vor sich selbst aussieht. Er bricht am Ende der *stagione* nach Mantua auf.
Stagione hat im Italienischen wie im Französischen die *saison* eine doppelte Bedeutung: Es ist damit auch die Zeit gemeint, in der etwas los ist. Und für Vivaldi haben die *stagioni* nur noch diesen Sinn. Er kennt also zwei: die Herbstsaison von Oktober bis Mitte Dezember und die Karnevalssaison vom Stephanstag bis Fastnachtsdienstag, in denen die Oper Hochbetrieb hat. Das sind die *stagioni*, die für ihn zählen. Dem Rhythmus der Natur ist er, verschont von ungemütlichen Begegnungen mit dem Wetter, weitgehend entfremdet. Und wenn er sich des jahreszeitlichen Wechsels bewusst wird, dann über den Gaumen. Es gibt *Risi e bisi* – es muss Frühling sein. Es werden Steinpilze aufgetischt – der Sommer ist da. Auch den Winter erkennt er nur daran, dass Hochsaison ist in seinem Theater, dass es nach Pfefferkuchen riecht, die Mutter *castradina* kocht und Quittenbrot bäckt und dass die Menschen verhüllt und schnell über die nassen Plätze huschen. Er selbst fährt, wenn er seinen Arbeitstisch verlässt, mit dem Wagen – der instabilen Gesundheit wegen.
Vivaldi muss sich mehr und mehr entwurzelt fühlen. Fremd in der Heimat und ihrer wohl auch überdrüssig. Da kommt diese Einladung nach Mantua gerade recht. Ein Deutscher, der Landgraf Philipp von Hessen-Darmstadt, ist dort und will sich gerne schmücken mit Vivaldi als *maestro*

di capella di camera – als Kapellmeister und Komponist für Gelegenheitsmusiken. Und in diesen drei Jahren macht Vivaldi jene zwei großen Erfahrungen, die eigentlich das Leben bedeuten: Er erfährt offenbar intensiv die Natur – und er erfährt, was Liebe ist. Beides soll sein Dasein für immer verändern. Aus der Begegnung mit der Natur entsteht jener Zyklus, der ihn bis heute weltberühmt macht – *Le Quattro Stagioni* – Die vier Jahreszeiten. Und aus der Begegnung mit der Liebe erwächst sein Glück und sein Leid, sein Gewinn und sein Verlust.

Große, schwarze Augen sehen ihm entgegen, sinnliche Lippen gehen auf in einem Lächeln und eine weiche Mezzostimme begrüßt ihn. Die Blicke des *prete rosso* benehmen sich nicht mehr priesterlich, sie gleiten über eine seidige Haarpracht, eine schlanke Gestalt hinunter, nehmen graziöse Bewegungen auf. Nein, sie ist keine Schönheit im klassischen Sinn, aber sie besitzt zwei seltene Qualitäten: Anmut und Magie.

Anna Girò nennt sie sich, die blutjunge Frau, der er in Mantua verfällt. Weil er sich dort unbeobachtet fühlt? Weil er gelöster ist? Oder weil ihn ihre Jugend betört? Angeblich ist sie mindestens 25 Jahre jünger als der prominente 41-Jährige aus Venedig, doch diesem Schmelz der Jugend hätte Vivaldi bei seinen Zöglingen an der Pietà auch verfallen können. Wie er stammt Anna aus einer Handwerkerfamilie – sie ist eine der Töchter des französischen Perückenmachers Giraud. Vielleicht ist es auch ihre Musikalität, die Vivaldi gewinnt: Anna gilt trotz ihrer Jugend bereits als hoch begabte Sängerin. Wahrscheinlich aber bestrickt ihn einfach ihr Charisma, denn selbst ein missgünstiger Mann wie Carlo Goldoni, der später behaupten wird, ihre Stimme sei schwach gewesen, kann sich dem Zauber nicht entziehen, schwärmt von ihrem Mund, von ihrer Figur, ihrer Ausstrahlung. Und gibt zu, dass die Girò auf der Bühne ein seltenes Talent entfaltet, die oft starren barocken Heroinen mit vibrierender Vitalität zu beleben. Zuvor jedoch erfüllt sie den musikalischen Priester mit jener Lust, die anscheinend keine seiner Schülerinnen in ihm zu wecken vermochte. Oder hatte Vivaldi, streng observiert, nicht gewagt, sie wecken zu lassen? Es ist unwahrscheinlich, dass er bereits in Mantua um das Mädchen wirbt – aber Pläne darf man doch machen, oder?

Nicht weit von der Heimat und doch so weit weg ist alles, was er in Mantua erlebt. Exzesse und Exzentrizitäten, wie sie in der Serenissima alltäglich sind, gibt es hier nicht. Und auch wenn ein dreigeteilter See die Stadt umfängt, der *lago superiore*, der *lago di mezzo* und der *lago inferiore*: Es ist eine terrestrische Kultur, die er erlebt. Bodenständigkeit in ihrer vielfachen Bedeutung. Die Küche dort, wo rings um den See fruchtbare Äcker liegen, aber das Meer ein gutes Stück entfernt ist, überrascht ihn mit neuen Erfahrungen. Wälder und Wiesen, Bäche und Quellen – die Vielfalt einer ganz anderen Küche, in der Hecht, Forelle und andere Süßwasserfische alltäglich sind. Und es scheint, als versinke Vivaldi wohlig in dieser fremden Atmosphäre.

Verändert kehrt er 1720 in die Heimatstadt zurück, Anna und deren Schwester Paolina im Schlepptau. Und was empfängt ihn? Keineswegs offene Arme von einheimischen Verehrern, die gerührt sind, dass der große Sohn in seine Stadt heimkehrt. Sondern eine gallige Satire über die Prominenz der venezianischen Oper mit dem Titel *Il teatro alla moda*. Selbstverständlich wird Vivaldis Name nicht genannt, aber das Stück erschließt sich wie ein Schlüsselroman mit beigelegtem Schlüssel: Jeder weiß, welche Sängerinnen und Sänger, welche Orchestermusiker und Bühnenbildner, welche Theaterdirektoren und Komponisten gemeint sind. Zumal die eigentlichen Namen nur zu Anagrammen umgeformt werden und aus Vivaldi ein Aldiviva wird. Allerdings lässt sich die Identität des Autors auch nicht lange geheim halten: Graf Benedetto Marcello, weiß bald jeder in der Stadt, hat die Schrift verfasst, in der an Vivaldi besonders hart ausgeteilt wird. Wundern dürfte es diesen nicht, denn sein Theater, das Sant'Angelo, steht auf dem Grund und Boden der adeligen Familien Marcello und Cappello, mit denen es jahrelange Rechtsstreitereien gegeben hat und die behaupten, von dem gewitzten Santurini ausgenutzt, übertölpelt und betrogen worden zu sein. Was Marcello dem *prete rosso* besonders ankreidet, ist eben seine Doppelfunktion: Karikiert wird er in der Satire als Engel – denn „Sankt Engel" heißt sein Theater –, der einen Priesterhut auf dem Kopf hat und mit einem Fuß das Steuer eines Ruderboots bedient, während er mit dem anderen dirigiert.

Trotz solcher Seitenhiebe sieht es in Venedig noch immer sonnig aus für Vivaldi: Wieder kann er die Stelle an der Pietà übernehmen und Anna dort unterbringen – als Meisterschülerin und Lehrerin der Jüngeren. Es scheint, als stiege Vivaldis Sonne jetzt erst in den Zenit. Drei Jahre später ernennt ihn die Pietà sogar zum externen *maestro di concerti*. Seine Opern werden in Rom aufgeführt, seine Werke erscheinen in Amster-

dam, er spielt seine virtuosen Vorführstücke im Vatikan vor dem Papst. Aber er sieht nicht aus wie ein glücklicher Mann. In eben jenem Erfolgsjahr 1723 bringt der für seinen scharfen Blick berüchtigte Pierleone Ghezzi eine Karikatur des *prete rosso* aufs Papier, über die sich wohl die meisten Venezianer amüsieren. Denn auch wenn sie Vivaldi nur von rechts zeigt, ist sein doppelgesichtiges Wesen unverkennbar. Aus dem Profil sprechen äußerste geistige Wachheit, Willensstärke und Durchsetzungskraft, aber, sieht man die Oberlippe an, auch Lüsternheit und Verletzlichkeit. Und noch etwas ist zu erkennen in dieser Karikatur, wovon weder in Vivaldis Briefen noch in anderen Zeugnissen über ihn zu lesen ist: Melancholie. Vivaldi ist 45 Jahre alt, als Ghezzi ihn porträtiert und es scheint, als schleiche sich bereits Enttäuschung ein in seine Züge. Warum?
Dass Vivaldi janusköpfig ist, selbstbewusst und stolz, aber auch demütig bis hin zur Unterwürfigkeit, ist nur ein Indiz dafür, dass er nach wie vor mit seinem Selbstverständnis nicht im Reinen ist. „Se questa non piace, non voglio più scrivere di musica!" – „Wenn das nicht gefällt, will ich keine Musik mehr schreiben", hat er selbstsicher – sagen wir ruhig: frech – über eine Arie im *Orlando finto pazzo* geschrieben. Und doch ist das derselbe Vivaldi, der sich im Staub wälzt vor den hohen Herrschaften und ihnen die Füße küsst – rein rhetorisch jedenfalls. „Ich weiß wohl", schreibt er 1723, auf der Höhe seines Ruhmes, an die Fürstin Maria Livia Spinola Borghese nach Rom, „dass der größte meiner Fehler meine Unfähigkeit ist, aber in jeder Weise bitte ich die übergroße Güte Eurer Exzellenz, dieses Hindernis zu überwinden und mich dessen würdig zu machen."
Würdig finden ihn manche Zeitgenossen aber ohnehin nicht mehr. Und er spürt mit Sicherheit die Antipathien, die ihn umspülen wie brackiges Lagunenwasser: Argwohn und Missgunst steigen ihm unangenehm in die Nase und verderben ihm den Genuss der Erfolge und der Liebe.
Offiziell wohnt Vivaldi seit 1722 mit seinen Eltern und einigen seiner Geschwister in der Calle del Paradiso nahe der Kirche Santa Maria Formosa. Der Mietvertrag ist auch auf Antonios Namen abgeschlossen, trotzdem behaupten die Klatschmäuler in der Stadt, er hause eigentlich bei den Schwestern Anna und Paolina Girò. Immerhin wohnen die eine Zeit lang im selben Pfarrbezirk. Nicht, dass die Venezianer die Girò ablehnten – dafür ist sie zu begabt und sind die Venezianer zu opernbegeistert: Von ihrem Debüt

an, das sie wohl aus Diskretion in San Moisè gibt, ist sie ein Liebling des Publikums, das ihre schwache Stimme gerne in Kauf nimmt für die starke Bühnenpräsenz. Ab 1726 tritt sie dann im Sant'Angelo auf und versetzt die Zuschauer in Begeisterungstaumel. Und als gelte es zu beweisen, dass sie nicht Vivaldis Protektion bedarf, singt sie auch Opern von Galuppi und Hasse – so gut, dass ihr die Komponisten Arien auf die Stimmbänder schreiben – oder doch mehr auf die graziöse Figur, die in Hosenrollen so sehr überzeugt? Der Ton jedoch, in dem die Venezianer die umjubelte Diva Girò als Privatperson *L'Annina del prete rosso* – das Ännchen des Roten Priesters – titulieren, ist unüberhörbar spöttisch. Lebt er mit ihr und ihrer Schwester, die er offiziell als seine Krankenpflegerin ausgibt, wirklich in einer intimen Hausgemeinschaft, teilt er mit Annina Tisch und Bett, lassen die beiden sich nach einem harten Arbeitstag, nach anstrengenden Proben und kräftezehrenden Auftritten von Paolina mit saftigen Risotti und Braten stärken?

Ungeniert als Paar mit ihr in aller Öffentlichkeit aufzutreten, das wagt Vivaldi anscheinend nicht. Das heißt für die junge Geliebte also: niemals gemeinsam mit ihm in einem der *casini* eine Nacht durchfeiern, niemals in einem der *fritolini* Polenta und Fisch essen, die deftigen Gerüche einatmen, niemals mit ihm auf einem der berüchtigten Bälle tanzen. Es sei denn im Karneval, wenn eine Perücke den roten Schopf Antonios bedeckt und Masken die allseits bekannten Gesichter. Doch die Vorsicht hilft wenig – der Klatsch gedeiht in der feuchten Luft der Serenissima besonders gut. Acht Jahre später erst zieht Vivaldi mit seinem Vater um in die Calle Sant'Antonio, die nun ein beachtliches Stück entfernt ist von der Wohnung der beiden Giròs. Aber es spricht sich herum, dass in dieser eleganten Wohnung, neben dem Palazzo Bembo gelegen und mit Fenstern auf den Canal Grande, nun genügend Platz wäre für alle, auch für die beiden Schwestern.

Finanzielle Probleme scheint er wenigstens keine zu haben, glaubt man dem Abbé Conti, der 1727 aus Venedig an eine Madame de Cayuls schreibt: „Vivaldi hat drei Opern in weniger als drei Monaten geschrieben. Zwei für Venedig und die dritte für Florenz, diese letzte hat das Florentiner Theater wieder aufgerichtet und ihm eine Menge Geld eingetragen." Anna verdient als Star fast aller seiner Opern ebenfalls gut. Und allen Querelen zum Trotz himmeln prominente Musikliebhaber in der Stadt den *prete rosso* nach wie vor an. Conti selbst ist von den Arien Vivaldis derart hin-

gerissen, das er der französischen Brieffreundin verspricht, Noten mitzubringen: „Sie werden bezaubert sein von ihrer Lebhaftigkeit und Verschiedenheit." Nach außen hin scheint Vivaldis Ruhm und Reichtum ungebrochen. Er ist es, der ausgewählt wird, am 19. September 1727 ein spektakuläres Galakonzert zu leiten: Frankreichs siebzehnjähriger König Ludwig XV. und seine Frau Marie Leszczynska, immerhin schon 25, haben Zwillingstöchter bekommen, und der Comte de Gergy, französischer Botschafter in Venedig, findet es angemessen, das auch hier in Italien zu feiern. Die Musik, auch die des *Te Deum*, berichtet zufrieden und stolzgeschwellt der „Mercure de France" in Paris, sei „vom berühmten Vivaldi" komponiert und dirigiert worden.

Aber von unten nagt der Neid an Vivaldis Podest. Immer frecher verspotten die Karikaturisten und Satiriker die Geldgier des Impresarios, immer ungenierter wird über seine Bigotterie gelästert. Mit scharfen Zungen wird geredet über seine Frömmigkeit, die eifersüchtige Kollegen als reine Heuchelei bezeichnen. Und wenn einer, die Augen gen Himmel verdreht, behauptet, der *prete rosso* lege den Rosenkranz nur aus der Hand, wenn er die Feder ergreife, dann antwortet ihm Gelächter.

Die Gerüchte über Vivaldis Doppelleben kann auch der Umzug in jenes von Anninas Haus weit entfernte neue Domizil nicht ersticken. Wie beißender Rauch dringen sie durch Ritzen und Schlüssellöcher und treiben Vivaldi weg von der Heimat. Er will dorthin, wo er frei leben kann, wo er frei ist von den Fesseln der Intrigen und den Blicken der Kirche. So heimlich es geht, bricht er mit dem Vater und Anna nach Wien auf und sondiert das Terrain am Habsburgerhof. Die drei kehren zwar ganz leise wieder zurück, aber kurz drauf unternimmt Vivaldi die nächste Exkursion, diesmal nach Prag, und lässt sich ein halbes Jahr Zeit, die Situation dort zu prüfen. Eine seltsame Unruhe erfüllt ihn, rastlos und schwierig empfinden ihn sogar Freunde. Der dauernde Streit um Annina zieht Energien ab von seiner eigentlichen Arbeit. Und selbst langjährige Verehrer stellen Veränderungen fest am angebeteten *prete rosso*: „... nach dem essen kahm der Vivaldi, der berühmte componist und violinspiehler zu mir, weil es offtmahls in seinem hauß sagen lassen, da ich denn wegen einigen *concerti grossi*, so ich gern von ihm gehabt hätte, redete und selbige bey ihm bestellte. Ihm auch weil er unter die *cantores* gehört etliche bouteillen wein langen ließ."

Sicher wissen wir nicht, was Vivaldi sich da schenken und einschenken ließ, aber es wird sich möglicherweise um einen Raboso gehandelt haben, gewonnen aus der einzigen exklusiven Traube im Veneto, den die Venezianer jung zum Fisch, gereift zu Wild und Geflügel lieben. Oder um einen Malvasier, den Wein, den die Adligen in den danach *malvasie* benannten Kneipen trinken. Ob der Wein daran Schuld trug oder Vivaldis nachlassende Virtuosität ist unklar. Jedenfalls meint der Gast, der große Komponist, den er schon vor Jahren besucht und gehört hatte, habe „zwar extra schwehre und bunte Sachen" gespielt, aber er habe „keine annehmliche und cantable manir" dabei gezeigt. Anders gesagt: Vivaldi wird schwer verdaulich und ist nicht mehr leichtgängig wie früher. Das schreibt einer, der sich auskennt: Johann Friedrich Armand von Uffenbach, der weit gereiste Frankfurter Musikfachmann, der einige Jahre zuvor noch rückhaltlos von Vivaldi geschwärmt hat. Dessen Profitdenken – möglicherweise durch existenzielle Angst bedingt, weil er merkt, dass er den Zenit überschritten hat – wird immer augenscheinlicher. Aus dem Nebenverdienst des Notenverkaufs ist mittlerweile eine satte Einnahmequelle für Vivaldi geworden und er gedenkt sie bis zum letzten Tropfen auszuschöpfen. „Ich hatte dieser Tage", schreibt Edward Holdsworth 1733 aus Venedig, „einige Gespräche mit meinem Freund Vivaldi, der mir sagte, er sei entschlossen, keine Concerti mehr zu veröffentlichen, da ihn dies daran hindere, seine Kompositionen im Manuskript zu verkaufen, was er für sehr viel einträglicher hält." Er hat Recht: Vivaldi, der Zeugen zufolge die Concerti stapelweise verkauft (gern mit dem Kommentar versehen, er habe sie „express" komponiert), kassiert für zwei Werke, die er höchst ökonomisch zusammenbaut aus Versatzstücken vorhandener Stücke, so viel wie ihm die Pietà pro Monat zahlte. Auch da ganz der zwiegespaltene Charakter, der einerseits mit Inbrunst an kühnen, manchmal sogar befremdlichen Tonsetzungen feilt und nach wie vor brennt, Neuerer zu sein, andererseits aber ein beinahe zynischer Pragmatiker, der eben auch Dinge produziert, die die gallige Bemerkung von Strawinsky verstehen lässt, Vivaldi sei „ein langweiliger Mensch, der ein und dasselbe Konzert sechshundertmal hintereinander komponieren konnte".

Der Sommer ist vorbei. Und Vivaldi fröstelt.

L'Estate
Der Sommer

Rezepte

Broccoli allo zenzero

Brokkoli mit Ingwer

Eine leichte Vorspeise, aber auch eine delikate Beilage zu Fleischgerichten.

Für 4 Personen

600 g Brokkoliröschen
5 EL Olivenöl extra vergine
3 Knoblauchzehen
1–2 walnussgrosse Stücke Ingwer
Salz und frisch gemahlener schwarzer Pfeffer

Die Brokkoliröschen in sprudelndem Salzwasser in 4–6 Minuten blanchieren, abgießen und warm stellen. Den in feine Scheibchen geschnittenen Knoblauch und den geschälten, in Streifen geschnittenen Ingwer im heißen Öl andünsten, ohne dass der Knoblauch braun wird. Den Brokkoli darin schwenken, auf einer vorgewärmten Platte anrichten, salzen, pfeffern und sofort servieren.

Funghi porcini in insalata

Salat mit Steinpilzen

Für 4 Personen

400 g frische Steinpilze
1 Zitrone (Saft)
8 EL Olivenöl extra vergine
1 Knoblauchzehe
Salz und frisch gemahlener Pfeffer
300 g Rucola
Parmesan

Die Steinpilze gut putzen (keinesfalls waschen, da Pilze zu viel Wasser saugen!) und mit dem Stiel der Länge nach blättrig schneiden. Zitronensaft, Olivenöl, Salz, gepressten Knoblauch und Pfeffer verrühren.

Die mundgerecht zerpflückten Rucolablätter auf vier Teller verteilen, die Pilze darauf betten, die Marinade darüber gießen und großzügig Parmesan darüber hobeln.

Zucchini farciti

Gefüllte Zucchini

Für 6 Personen als Vorspeise
(pro Person drei gefüllte Hälften)

9 kleine, zarte Zucchini
3 Scheiben Weissbrot
¼ l Milch
3 Eigelb
1 Bund glatte Petersilie
9 EL Mandeln
9 EL Parmesan, frisch gerieben
Salz und frisch gemahlener weisser Pfeffer

Die geputzten Zucchini der Länge nach halbieren, mit einem Teelöffel das weiche Fleisch herauskratzen, auf ein Küchentuch legen und ausdrücken. Nun das Fleisch klein schneiden und in eine Schüssel geben. Die fein gehackte Petersilie zufügen. Das entrindete Weißbrot in der Milch erhitzen, entnehmen, ausdrücken und zum Zucchinifleisch geben. Eigelb, Parmesan und gehackte Mandeln zufügen, salzen, pfeffern und alles gründlich vermischen. Die Zucchini mit dieser Farce füllen und in eine mit Olivenöl ausgestrichene feuerfeste Form setzen. Das Gemüse nochmals leicht salzen und mit Olivenöl beträufeln. Im 175 °C heißen Ofen goldbraun backen. Heiß, lauwarm oder auch kalt servieren.

Zucca marinata

Marinierter Kürbis

Ein leichter sommerlicher Antipasto, aber auch ein kleiner Imbiss zu einem fruchtigen Rotwein aus dem Veneto, wie einem jungen Raboso.

Für 6 Personen

- 1 kg Muskatkürbis mit orangefarbenem Fleisch
- 1/8 l Rotweinessig
- 2 Knoblauchzehen
- 1 Zimtstange
- 2 Zweige Rosmarin
- 100 g Mehl
- Öl zum Braten
- 1/8 l Rotwein
- 3 Gewürznelken
- 3 Lorbeerblätter
- 3–5 Thymianzweige
- Salz und frisch gemahlener schwarzer Pfeffer

Den Kürbis schälen, die Kerne und den faserigen Mittelteil entfernen, das Fleisch in Scheiben von 1 cm Dicke schneiden. In Mehl wenden und in sehr viel Öl von beiden Seiten goldbraun braten. Auf Küchenpapier abtropfen lassen. Essig, Wein, Knoblauchzehen, Nelken, Zimtstange und Lorbeerblätter in eine kleine Kasserolle geben, aufkochen, salzen und leicht pfeffern. Die Kürbisscheiben salzen, schuppenförmig in eine flache Form betten, den gehackten Rosmarin und die abgerebelten Thymianblättchen darüber geben, pfeffern und mit dem Sud begießen. Die Form mit Folie abdecken und gute 12 Stunden marinieren.

Orata con spinaci e salsa di acciughe

Goldbrasse mit Spinat und Sardellensauce

Aus der ostjüdischen Küche stammt die Vorliebe, Fisch mit Spinat zu kombinieren. Die nicht jüdischen Venezianer übernahmen sie gern.

Für 4 Personen

8 kleinere Goldbrassenfilets
Salz und frisch gemahlener Pfeffer
Muskatnuss, frisch gerieben
2 Knoblauchzehen, gepresst
800 g Blattspinat
3 EL Olivenöl extra vergine
¼ l Weisswein
16 Sardellenfilets
150 g Butter
2 Tomaten, blanchiert und geschält

Die Filets salzen, Pfeffer und Muskatnuss darüber reiben und mit Knoblauch bestreichen. Den Spinat verlesen, waschen und feucht bei hoher Hitze zusammenfallen lassen. Herausheben, abtropfen lassen und hacken. Salzen, pfeffern und auf den Fischfilets verteilen. In einer Pfanne das Olivenöl erhitzen, die mit Spinat bedeckten Filets hineinbetten, die Hälfte des Weins angießen, die Pfanne zudecken und alles 15 Minuten garen. Währenddessen die Sardellenfilets mit dem übrigen Weißwein in einer kleinen Kasserolle aufsetzen und köcheln lassen, bis die Sardellen zerfallen sind (evtl. kleine Gräten entfernen). Dann nochmals aufsetzen und die kalte Butter in kleinen Flocken unterrühren. Tomaten in Würfel schneiden. Die Sardellensauce auf vier vorgewärmten Tellern verteilen, die Fischfilets mit dem Spinat darauf geben, nochmals salzen und pfeffern und mit den Tomatenwürfeln garniert servieren.

Carciofini di Sant'Erasmo

Artischocken Sant'Erasmo

In Venedig heißen die jungen Artischocken, die noch kein Heu haben, *castraùre* – was nicht zufällig an „Kastrieren" erinnert: Wenn die Bauern die Pflanzen auf ein paar wenige Zweige reduzieren, damit sie sich besser und stärker entwickeln, dann fallen diese jungen Artischocken ab. Auf der Laguneninsel, die vom Kloster Sant'Erasmo ihren Namen hat, gediehen diese Artischocken immer besonders gut. Die Idee, sie auf diese Weise zuzubereiten, ist allerdings den zugezogenen Juden zu verdanken.

Für 4 Personen

16 kleine, zarte Artischocken
6 Knoblauchzehen
2 Zwiebeln
200 g Pancetta oder anderen durchwachsenen Bauchspeck
Olivenöl extra vergine
1 Glas Weisswein
Salz und frisch gemahlener schwarzer Pfeffer

Die Artischocken vorbereiten, d.h. von den Stielen und den harten äußeren Blättern befreien und der Länge nach halbieren. Den in kleine Würfel geschnittenen Speck, den gehackten Knoblauch und die fein geschnittene Zwiebel in einer großen Pfanne mit ausreichend heißem Olivenöl sanft anbraten, dann die Artischocken zugeben und unter vorsichtigem Wenden darin anbräunen. Jetzt etwas Weißwein, Salz und Pfeffer zugeben und 10–15 Minuten garen. In den vorgeheizten Ofen schieben und nicht zugedeckt bei 180 °C weitere 10 Minuten garen. Die Artischocken müssen knusprig und goldbraun sein.

Riso in cavroman

Lamm-Gemüse-Ragout

Für 4 Personen

2 Stangen Bleichsellerie
2 Möhren
2 Zwiebeln
2 Tomaten
1 Bund Salbei
Butter und Olivenöl extra vergine
300 g Lammschulter
Salz und frisch gemahlener Pfeffer
2–3 Zimtstangen
4 Gewürznelken
Muskatnuss
200 g sehr feinkörniger Reis

Den Sellerie sowie Zwiebeln und Möhren fein hacken, die Tomaten blanchieren und schälen. Die gleiche Menge Butter und Öl in einer Kasserolle erhitzen, Sellerie, Zwiebeln und Möhren darin andünsten, das in Würfel geschnittene Lammfleisch zugeben, anbraten, anschließend die blanchierten, geschälten Tomaten und Salbeiblätter zufügen, salzen, pfeffern, Zimtstange und Nelke zugeben und Muskatnuss darüber reiben. Alles zusammen sanft schmoren, den Reis unterziehen, Wasser zugeben und auf kleiner Flamme zugedeckt ca. 20 Minuten zu einem suppigen Gericht verkochen. In Suppentellern servieren.

Sugoli

Weinsuppe

Für 4–6 Personen

1 l junger trockener Rotwein
4 EL Zucker
1–2 unbehandelte Zitronen (Schale)
4 EL Weizenmehl, mit etwas kaltem Wein glatt gerührt
3–4 EL Pinienkerne
3–4 EL Rosinen, in Wein eingeweicht
2 Zimtstangen
2 Nelken

Den Wein mit dem Zucker und der abgeriebenen Zitronenschale erhitzen, das in Wein angerührte Mehl zugießen und gut verquirlen. Pinienkerne und Rosinen, Zimt und Nelken zugeben und alles zusammen in 10 Minuten zu einer dicklichen Suppe kochen.

Zuppa di riso alla veneziana

Venezianische Reissuppe

Für 4 Personen

1 Kapaun (oder sehr gutes Masthuhn)
2 Zwiebeln
Nelken
2 Hand voll Reis
Salz
4 EL Parmesan, frisch gerieben

Die Zwiebeln schälen und mit den Nelken spicken. Den Kapaun mit den Zwiebeln in einen Topf geben, mit Wasser bedecken. Kochen, bis das Geflügel gar ist (ca. 1 Stunde), die Zwiebeln herausnehmen, salzen, den Reis zugeben und ca. 12–15 Minuten köcheln. Den Kapaun entnehmen, tranchieren und in Stücke schneiden. Die Teile in Suppenteller betten, mit der Brühe begießen und mit Parmesan bestreut servieren.

Hinweis:
Kapaun (im Deutschen auch Kapphahn = gekappter Hahn) wird ein Masthähnchen genannt, das kastriert wurde, um sein Fleisch zarter und saftiger zu machen. Er eignet sich besonders zum Braten im Ofen und Pochieren. Sein Idealgewicht: 1,5 kg – 2 kg. Wird er zubereitet wie Wildgeflügel, erinnert sein Geschmack an einen Fasan.

Sarde in saor

Sardinen, eingelegt mit Gewürzen

Sie gehörten schon zu Vivaldis Zeiten zu den Gerichten, die am Redentore-Fest serviert wurden. Am Erlöserfest werden die *sarde* abends als Hauptgericht serviert, sonst sind sie eine gerade im Sommer beliebte leichte Vorspeise. *Saor* ist der venezianische Dialektausdruck für *sapore*, zu deutsch „Aroma".

Für 4 Personen

Herzhafte Variante:
1 kg Sardinen, küchenfertig
etwas Mehl zum Bestäuben
Maiskeimöl oder Sonnenblumenöl
zum Herausbacken

Für die Marinade:

10 EL Olivenöl
3 große Zwiebeln und 4 Knoblauchzehen
1–2 EL Zucker
¼ l Weinessig und ¼ l Weisswein
4–6 Lorbeerblätter
1 EL Wacholderbeeren
2 frische Rosmarinzweige
Salz und 1 EL schwarze Pfefferkörner

Die Sardinen mit Mehl bestäuben. Das Maiskeimöl 1 cm hoch in eine große Pfanne geben, erhitzen und die Sardinen darin von beiden Seiten goldbraun und knusprig braten. Zwiebeln und Knoblauch in feine Scheibchen schneiden. Für die Marinade das Olivenöl in einer Pfanne heiß werden lassen, die Zwiebeln darin glasig garen, den Knoblauch zugeben und unter ständigem Rühren mitdünsten. Zucker, Essig, Wein, Lorbeerblätter, Wacholderbeeren, Rosmarinzweige, Salz und Pfefferkörner zugeben. Alles einmal kräftig aufkochen lassen und vom Herd nehmen. Die Sardinen nebeneinander in eine hitzebeständige Steingutform betten, mit der heißen Marinade übergießen und mindestens 24 Stunden zugedeckt ziehen lassen.

Pollastrello in tecia

Hähnchen in der Pfanne

Für 4 Personen

1 junges Hähnchen (ca. 1,2 kg), roh tranchiert oder
küchenfertige Hähnchenteile (Brust, Keulen, Flügel)
75 g Butter
100 g Bauchspeck
Olivenöl extra vergine
2 Zwiebeln
2 große Möhren
2 Stangen Bleichsellerie
2–3 Rosmarinzweige
1 Chilischote
2 Knoblauchzehen
1 Glas Weißwein
500 g reife Tomaten
etwas Zimt
Salz und frisch gemahlener schwarzer Pfeffer
1 Messerspitze Gewürznelken

Butter und Öl in einer großen schweren Pfanne erhitzen und den gewürfelten Speck darin anbraten (dabei aufpassen, dass er keine Farbe nimmt). Zwiebeln, Möhren, Sellerie, Chilischote und Rosmarin (alles fein gehackt) dazugeben und unter ständigem Rühren andünsten. Nun die Hühnerteile dazugeben und auf großer Flamme anbräunen; dabei immer wieder wenden. Salzen, pfeffern, den Weißwein angießen und einkochen lassen. Anschließend zuerst den gepressten Knoblauch, dann die blanchierten, enthäuteten, zerdrückten Tomaten zugeben und zugedeckt ½–¾ Stunde schmoren lassen; gelegentlich umrühren.

Anara col pien

Gefüllte Ente

Zu Vivaldis Zeiten kamen die Enten von den kleineren und größeren Gutshöfen der *terra ferma*, des venezianischen Hinterlands, wo die Bauersfrauen die Geflügelaufzucht in der Hand hatten. Auch heute schmeckt dieses Gericht dann besonders aromatisch, wenn es aus frei laufendem Bauerngeflügel zubereitet wird.

Für 4 Personen

1 Ente (ca. 1,5 kg)
50 g Butter
⅛ l Olivenöl extra vergine
⅛ l Weisswein

Für die Füllung:

80 g (3 Scheiben) Soppressa (veneta) oder sehr weiche, aromatisierte Salami
150 g Schweinehackfleisch
2 Knoblauchzehen
1 Rosmarinzweig
2–3 Thymianzweige
5–6 Salbeiblätter
1 Bund glatte Petersilie
2 Eier
1 altes Brötchen
½ Glas Milch
75 g Parmesan, frisch gerieben
Salz und frisch gemahlener schwarzer Pfeffer
1 Prise Muskatnuss
75 g Butter
150 g Bauchspeck (Pancetta)

Achtung: Die venezianische *soppressa* aus Schweinefleisch, gewürzt mit Pfeffer, Weißwein und Knoblauch, ist nicht zu verwechseln mit der süditalienischen *sopressata*, einer Art Presskopf oder Presssack!
Die Ente vom Geflügelhändler vorbereiten lassen, also Kopf, Kragen und Füße entfernen und Innereien entnehmen und beilegen lassen. Die Soppressa, die Innereien, den Knoblauch, die Salbei-, Rosmarin- und Petersilienblätter fein hacken, die abgerebelten Thymianblättchen dazugeben, alles mit dem Schweinehackfleisch, dem geriebenen Brötchen, dem Parmesan, den Eiern und der Milch gut vermengen, salzen, pfeffern und mit einer Prise frisch geriebener Muskatnuss würzen. Dann die Butter in Stückchen unterarbeiten und den Teig gut durchkneten. Die Ente mit dieser Farce füllen, die Öffnung mit Küchenzwirn zunähen oder mit einer geeigneten Nadel zustecken. Die Ente mit dem Bauchspeck umwickeln und mit Küchengarn binden. Den Backofen auf 200 °C vorheizen. Öl und Butter in einem ausreichend großen Bräter erhitzen, die Ente darin von allen Seiten anbraten, den Weißwein zugießen und in den heißen Ofen schieben. 1½ Stunden schmoren lassen, dabei immer wieder mit dem Fond begießen. Herausnehmen, das Küchengarn entfernen und die Füllung entnehmen. Die Ente in portionsgerechte Stücke tranchieren und auf einer vorgewärmten Platte anrichten. Die Füllung in Scheiben schneiden und dazulegen. Sofort servieren.

Perseghi coti al forno col pien

Gefüllte Pfirsiche, im Ofen gegart

Zu dieser klassischen Nachspeise am Redentore-Fest wird frische *anguria* (Wassermelone) oder *grappa* (venezianisch: *graspa*) gereicht.

Für 6 Personen

6 grosse weisse Pfirsiche
2–3 Gläser Vin santo oder ein anderer Süsswein

Für die Füllung:

200 g Mandeln
3 Eigelb
2 EL frische Ricotta
125 g Zucker
etwas Zimt
1 Vanilleschote (Mark)

Die gewaschenen, abgetrockneten Pfirsiche halbieren und vom Stein befreien oder eine Kappe von jeder Frucht abschneiden und den Stein herausholen. Die Mandeln fein mahlen. Die Zutaten der Füllung vermischen und eine halbe Stunde quellen lassen. Auf die Höhlung in den Pfirsichhälften setzen bzw. die Früchte damit füllen. Eng nebeneinander in eine feuerfeste Form setzen und so viel Süßwein zugießen, dass die Pfirsiche zu ¾ ihrer Höhe darin stehen. Im vorgeheizten Ofen bei 180 °C in ca. 15 Minuten garen.

Gnocchi con salvia

Klösschen mit Salbei

Für 4 Personen

1 kg Polenta, fest gekocht
(am besten in Geflügelbrühe)
350 g Butter
20 Salbeiblätter
½ TL Zimt
200 g Parmesan, frisch gerieben

Den Backofen auf 180 °C vorheizen. Aus der Polenta mit 2 Teelöffeln walnussgroße Klößchen formen und in eine feuerfeste Form setzen. Die Hälfte der geklärten (von der schaumigen Molke befreiten) Butter darüber gießen und im Ofen 20 Minuten lang erwärmen.

Währenddessen die gehackten Salbeiblätter in der restlichen geklärten Butter ziehen lassen. Die Gnocchi aus dem Rohr nehmen, mit Salbeibutter übergießen, mit dem Zimt überpudern und mit dem geriebenen Parmesan servieren.

Mele e pere coti allo zafferano

Geschmorte Äpfel und Birnen mit Safran

Für 4 Personen

120 g Butter
2–3 Äpfel
2–3 Birnen
2 kräftige Prisen gemahlener Safran
4 kurze Zimtstangen
etwas Salz
2–3 EL Zucker
8 EL Weisswein
1 unbehandelte Zitrone (Schale)

Äpfel und Birnen schälen, Kerngehäuse entfernen und die Früchte in große Stücke schneiden. Butter in einer Kasserolle heiß werden lassen, Äpfel, Birnen und Safran zugeben und einige Minuten unter Rühren andünsten. Zucker, Zimtstangen und Weißwein zugeben, die Temperatur reduzieren und dann alles zugedeckt schmoren. Gelegentlich umrühren. Wenn die Früchte sehr weich sind, die Zitronenschale darüber reiben. In vorgewärmte Schalen geben, je eine Zimtstange pro Portion zur Dekoration dazulegen.

Fegato alla veneziana

Kalbsleber auf venezianische Art

Für 4 Personen

600 g Kalbsleber
3 grosse, weisse Zwiebeln
70 g Butter
3–4 el Olivenöl
Salz und frisch gemahlener Pfeffer
8 Salbeiblätter

Butter und Öl in einer großen Pfanne erhitzen, die feinen Zwiebelscheiben hineingeben, goldbraun werden lassen. Die Hitze höher stellen, die in dünne Streifen geschnittene Leber zugeben und unter ständigem Rühren ca. 10 Minuten auf großer Flamme schmoren. Dabei ständig umrühren. Auf keinen Fall zu lange braten, weil die Leber sonst hart wird. Nebenbei die Salbeiblätter in einer kleinen Pfanne im Ganzen mit wenig Butterschmalz knusprig braten. Die Leber salzen, pfeffern und mit den Salbeiblättern garniert servieren. Auf Venezianisch heißt dieser Klassiker *figà à la venessiana*. Gerne wird die Leber getrennt von der Zwiebel gebraten und die sautierte Zwiebel erst zum Schluss dazugegeben.

Crema frita

Gebackene Creme

Diese Creme ist aus der venezianischen Küche nicht wegzudenken. Sie passt wunderbar zu frischen Beeren.

Für 4 Personen

3 Eigelb
120 g Zucker
1 unbehandelte Zitrone (Schale)
120 g Mehl
1 Prise Salz
½ l Milch
1 Ei
Sonnenblumen- oder Maiskeimöl zum Ausbacken
1 Vanilleschote
(Mark vermischt mit Sandzucker zum Bestreuen)

Eigelb und Zucker zu einer schaumigen, hellgelben Masse aufschlagen, die abgeriebene Zitronenschale unterrühren und das durchgesiebte, gesalzene Mehl nach und nach einrühren. Die Milch erwärmen und in die Masse einrühren, bis sich eine Creme von gleichmäßiger Konsistenz ergibt. Nun die Creme in einen Topf gießen, unter dauerndem Rühren auf kleiner Flamme in ca. 15 Minuten dick werden lassen. Die Masse 4 cm hoch auf eine Platte streichen, ankühlen und fest werden lassen. Jetzt das Ei verquirlen. Die Creme in Rauten schneiden, die Rauten ins Ei tauchen und in heißem Öl herausbacken, bis sie goldbraun sind. Abtropfen lassen und mit dem Vanillezucker überstreut anrichten.

Der Herbst seines Lebens

Verbitterung im süssen Vergnügen

Sie ahnen, dass es zu Ende geht. Aber sie wollen es nicht wissen. Die Venezianer sind Meister darin, jeden Abgrund, der sich auftut, mit Rosen zu bedecken und jede Angst, die sich leise bemerkbar macht, zu übertönen mit haltloser Festfreude.

Venedig tanzt, wankt, taumelt, verliert mehr und mehr seine Stabilität, kennt keine Schranken mehr. Die Grenzen und Strukturen lösen sich auf, auch die gesellschaftlichen. Nicht mehr in streng limitierten Gesellschaften, nicht mehr hinter den verschlossenen Toren der Paläste findet das Leben statt. Es sucht die Öffentlichkeit, drängt auf die Plätze, unter die Arkaden, in die Cafés, *casini* und *ridotti*; die *bàcari* werden zu den Wohnzimmern der *popolani*. Jenes *andar all'ombra* wird üblich, das bis heute liebe Gewohnheit der Venezianer ist – zu Deutsch: in den Schatten gehen. Gemeint ist mit dieser *ombra* ein kleines Glas Wein, das angeblich so heißt, weil es ursprünglich im Schatten des Campanile ausgeschenkt wurde, dem die fliegenden Weinhändler folgten, damit ihr Wein nicht zu warm wurde. In den *bàcari* stehen die Venezianer schon um elf Uhr morgens, aber auch noch um elf Uhr nachts, und fühlen sich zu Hause in den dunklen kleinen Kneipen wie dem „Do Spade“, das heute noch existiert. Vivaldis Zeitgenossen wissen, was sie tun: In Zeiten der allgemeinen Verunsicherung suchen Menschen die Nähe der anderen, vergessen die Standesunterschiede und genießen das tröstliche Zusammensein. Rings um den Rialto, versteckt hinter *sottoporteghi* – den meist finsteren Durchgängen –, an den kleinsten Plätzen, in engen Gassen: Überall finden sich die Gemüsehändler und die Apotheker, die Fischhändler und Ärzte zusammen und vergessen unter dem *ciacole*, beim Tratsch, den Niedergang der Stadt. Sie brauchen die großen satten Tafeln nicht, ihnen genügen ein paar *cicheti*, ein paar Appetithappen, denn was sie wärmt, ist nicht das Essen, sondern die Nähe und die neuesten heißen Gerüchte. Natürlich auch solche um das Doppelleben mancher Geistlicher.

Verhandlungstische interessieren kaum mehr einen, an den Spieltischen treffen sich die Patrizier. Illusion und Wirklichkeit vermischen sich so innig, dass keiner sie mehr trennen kann. Das Leben ist Theater und das Theater ist das Leben: Sieben Bühnen gibt es in Venedig. Und wenn dort die Vorstellung zu Ende ist, geht sie weiter in einem der zweihundert Cafés, die immer geöffnet sind. Oder in einem der zahllosen *casini*, „die ihre Kerzen morgens um zwei Uhr entzünden, um die Herren und Damen des Adels mit allerhand Unbekannten zusammenzuführen“, wie Philippe Monnier in seiner Geschichte von „Venedig im 18. Jahrhundert“ schreibt.

Doch genau daran kann Vivaldi nicht teilhaben. Nicht nur aus Angst davor, öffentliche Auftritte mit seiner Annina könnten ihm verübelt werden, sondern vor allem, so zumindest er selbst, aus gesundheitlichen Gründen. Sein Zustand verschlechtert sich offenbar zusehends und allein am Arbeitstisch beschleicht ihn oft eine tiefe Niedergeschlagenheit, die auch aus der Enttäuschung wächst: Wie viel hat er getan für die Musikszene in der Stadt, wie hart hat er gearbeitet, um den Ruhm der Pietà zu erhalten, wie viele finanzielle Verluste hat er erlitten, um aus dem Sant'Angelo ein Theater zu machen, an dem nicht die billigsten, sondern die besten Sänger auftraten! Und so wird es ihm gedankt! Es muss einen einstmals so verwöhnten Star wie den *prete rosso* verbittern, dass es rund um ihn her nur darum geht, die Wirklichkeit zu verdrängen und die Illusion zu leben, während ihm, den verschiedene Leiden schinden, nicht einmal die süße Droge Liebe gegönnt wird.

Drunten, auf den Straßen und Gassen, wird mit allem Geld gemacht, was das Bewusstsein wohlig vernebelt: mit starken Aromen, Tabaken und Parfums, mit Moschus, Räucherwerk und orientalischen Gewürzen. Und natürlich mit den delikaten Glücksdrogen. Süßwein und Liköre, Kaffee und Schokolade trinken die Venezianer in den Kaffeehäusern rund um die Uhr und an heißen Sommertagen löffeln sie ihre feinen Sorbets. Sie berauschen sich an Wohlgeschmack und Wohlgeruch, der sie den fauligen Atem der Wirklichkeit vergessen macht.

Nur: Woran darf einer wie Vivaldi sich berauschen?

An Erfolgen? Das wollte er, das könnte er. Er bringt in Verona zwei Karnevalsopern heraus, die im Nuovo Teatro dell'Accademia Filarmonica aufgeführt werden, beide Male mit seiner Geliebten Anna Girò, die dort blendend ankommt, als Publikumsmagnet. Doch kaum zurück in Venedig, gibt einer, der ohnehin gern über den *prete rosso* lästert, den Gerüchten über Vivaldi und seine Annina wieder neue Nahrung: Carlo Goldoni, der aufsteigende Komödiendichter, fast dreißig Jahre jünger als der Komponist, macht 1735 einen privaten Besuch bei dem Komponisten, für den er ein altmodisches Libretto aufpolieren soll. Und er erzählt (und schreibt es später in seinen Memoiren), wie er direkt vor Ort zu texten anfängt und Leidenschaft in das lasche Opus bringt. Vivaldi, so zumindest Goldoni, liest das Ganze, springt auf, umarmt ihn, schreit nach Anna und deren Schwester. Beide sind sofort zur Stelle und werden jubelnd informiert von Goldonis Geniestreich. Kurz gesagt: Die beiden Mädchen leben bei Vivaldi.

Im Mai 1736 stirbt Giambattista Vivaldi mit 81 Jahren. Sein Sohn ist damit zwar die Sorge um den siechen Vater los, der schon lange pflegebedürftig war, er verliert aber auch einen seiner weniger treuen Freunde. Er hätte ihn gebraucht: Im Oktober beginnt Vivaldi den zermürbenden Briefwechsel mit dem Marchese Guido d'Aragona Bentivoglio, der sich in Ferrara um das Musikleben kümmert – ein Dialog, der sich über drei Jahre hinziehen soll. Es geht um Vivaldis Pläne, in Ferrara zwei seiner Opern in der Karnevalssaison auf die Bühne zu bringen und zwar mit einer von ihm organisierten starken Truppe von Sängern, unter denen natürlich auch Anna Girò sein soll. Von Anfang an gibt es Ärger wegen des dortigen Impresarios Bollani, den Vivaldi für einen Trottel hält – was er unumwunden äußert: „Dieser Herr hat keine Ahnung von den Impresario-Geschäften, er weiß nicht wo man ausgeben und wo man sparen muss." Zuerst stimmt Bentivoglio ihm noch zu, doch bald kühlt sein Ton rapide ab. Dann erfährt der Komponist, dass sein Besuch in Ferrara derzeit unerwünscht ist, denn Bentivoglio hat die Diskussionen über Vivaldis Affäre bereits satt. Vielleicht entnervt es ihn auch, dass der Komponist immer weniger von Musik redet, vom Geld jedoch immer mehr: „Auf meinen Schultern lasten Vertragsverbindlichkeiten in Höhe von 6000 Dukaten für diese Oper und derzeit habe ich mehr als 100 Zechinen vorgestreckt. Ich kann die Oper nicht in meiner Abwesenheit machen, da ich mich in einem so großen finanziellen Risiko niemand anderem anvertrauen kann.“ Vivaldi entgeht nicht, dass Bentivoglios Begeisterung für den Starkomponisten Vivaldi erlischt. Um sie wieder anzufachen, berichtet er aus Verona von seinen neuesten Triumphen, die sich auch bezahlt machen, gleichzeitig aber jammert er, wie es seiner Doppelnatur entspricht, dauernd über finanzielle Belastungen: „Ich bin … freier Unternehmer und zahle aus eigener Tasche, nicht mit Geborgtem.“ So lassen wichtige Herren ungern mit sich reden.

Ein Herbststurm zieht bedrohlich auf am Horizont und über Vivaldi dräuen unheilvolle Wolken. Und dann geht das Unwetter auf den Komponisten nieder: Der Apostolische Nuntius mischt sich ein und lässt Vivaldi wissen, der Kardinal Ruffo verbiete dem Komponisten, in Ferrara eine Oper herauszubringen, weil er als Priester keine Messe lese und in Verruf sei wegen seiner *amicizia* mit der Sängerin Girò. Sofort streitet Vivaldi jede intime Beziehung zu Anna rundweg ab. Im November 1737 schreibt der fast Sechzigjährige aufgebracht: „Was mich am meisten kränkt, ist die Tatsache, dass seine Eminenz Ruffo diese armen Frauen [gemeint sind Anna und Paolina] mit einem Makel behängt, den die Welt nie an ihnen gesehen hat. In vierzehn Jahren haben wir zusammen viele Städte Europas bereist und überall wurde ihre Tugendhaftigkeit bewundert; auch für Ferrara trifft dies zu …“ Niemals, behauptet er, habe er mit den Girò-Schwestern zusammengewohnt – schließlich hätten die eine völlig andere Adresse. Und beide seien letztlich nur seine Krankenpflegerinnen, also zu seiner Unterstützung, nicht etwa seiner Belustigung da.

Doch alle Verteidigungsversuche bleiben erfolglos – Vivaldis Auftritt in Ferrara, auf den er große Hoffnungen gesetzt hat, scheitert mit großem Getöse. Und sein Image wird dadurch auch zu Hause in Venedig beschädigt. Vivaldi rettet sich in Distanziertheit oder auch Stolz, was andere als Überheblichkeit deuten. Um wenigstens die Aufführung seiner Oper zu retten, erklärt er sich einverstanden, dass ein Stellvertreter die musikalische Leitung in Ferrara übernimmt, obwohl er sicher ist, das könne niemals gut gehen. Aber er tut nun so, als habe er sowieso nie dran gedacht, wie es damals üblich ist, als Komponist vom ersten Geigenpult oder vom Cembalo aus sein Ensemble zu dirigieren: „… ich spiele niemals im Orchester, außer am ersten Abend, weil es mir nicht würdig scheint, den Beruf eines Orchestermusikers auszuüben“, teilt er Bentivoglio brüsk

mit. Doch für würdig halten ihn in der Serenissima nur noch wenige. Verzichten können sie aber wohl doch nicht auf ihn. Zwar wird ein junger Konkurrent, Girolamo Lech, Impresario am Teatro Sant'Angelo, aber es kommt dort immerhin zum Jahresende eine neue Vivaldi-Oper heraus, natürlich mit La Girò in einer Hauptrolle. Vivaldi wirft sich fiebrig in die Arbeit, veranstaltet wieder mehr Konzerte in der Pietà und ist stolz, wenn eine Hoheit wie Ferdinand von Bayern dem Orchester und Chor seines Ospedale begeistert applaudiert – was den Verwaltungsrat der Pietà nicht daran hindert, ihm bei der jährlichen Abstimmung in demselben Jahr zu kündigen. In der Gesellschaft Venedigs wird er mittlerweile eher als Faktotum denn als Genie der Gegenwart wahrgenommen und er taucht auf Festen und Banketten kaum mehr auf. Schon am 16. November 1737 hatte er sich bei Bentivoglio beschwert: „Kein Adliger lädt mich in sein Haus ein, auch nicht unser Doge, weil sie alle von meinem Leiden wissen. Gleich nach dem Mittagessen kann ich für gewöhnlich ausgehen, aber nie zu Fuß. Das ist der Grund, weswegen ich nicht die Messe lese."

Sicher ist, dass Vivaldi wirklich gebrechlich und hilfsbedürftig ist und dass das ins Geld geht: „Meine Reisen kosten mich immer sehr viel, weil ich sie immer mit vier oder fünf Personen gemacht habe, die mir behilflich waren." Es tröstet ihn, dass er im Ausland nach wie vor geschätzt wird, und er betont das, wo es nur geht: „All das, was ich Gutes leisten kann, mache ich zu Hause und am Arbeitstisch. Dafür habe ich die Ehre, mit fünf hohen Fürsten im Briefwechsel zu stehen, und meine Briefe gehen quer durch Europa."

Es stimmt, dass Vivaldi im Ausland ein deutlich besseres Renommee genießt als daheim in Venedig. Der burgundische Parlamentspräsident de Brosses erklärt zwar, Vivaldi habe aus dem Orchester der Pietà eines gemacht, das besser sei als das der Pariser Oper. Aber er spürt, dass das von den Einheimischen keineswegs so beurteilt wird. „Zu meinem großen Erstaunen", schreibt de Brosses 1739 aus Venedig, „habe ich gefunden, dass er hierzulande nicht so geschätzt wird, wie er es verdiente. Hier, wo alles nach der Mode geht und die Musik der vergangenen Jahre keine Einnahme mehr bringt, hört man seine Werke seit allzu langer Zeit."

Und Tartini, der neue Liebling des Publikums, verbreitet anscheinend emsig die Meinung, Vivaldi hätte es doch zu denken geben müssen, dass er

als Opernkomponist dauernd ausgepfiffen worden sei, wohingegen man ihn für seine Konzerte bejubelt habe. Anders gesagt: Tartini suggeriert, Vivaldi sei letztlich seinem Größenwahn erlegen, sich in allen Bereichen profilieren zu wollen.
Doch auch Verehrern wie de Brosses missfällt die Geldgier des alten Vivaldi, der so gar nicht weise und verzichtbereit zu werden scheint. Im Gegenteil! Wahrscheinlich aus Sorge um seine zukünftige Existenzgrundlage kassiert er kräftiger ab denn je. „Vivaldi hat mich zu einem seiner besten Freunde gemacht", gesteht de Brosses unangenehm berührt, „um mir einige seiner Kompositionen zu sehr hohen Preisen verkaufen zu können." Ihm kommt es so vor, als sei Vivaldi geradezu in eine Art Panik geraten – ist es die Ahnung des nahen Endes? „Er ist ein alter Mann und ist vom Komponieren wie besessen. Ich habe selber gehört, wie er damit prahlte, er könne ein Konzert mit allen seinen Stimmen schneller komponieren, als ein Kopist es abschreiben könne."

Vivaldi wird, ohne es zu bemerken, seiner Stadt immer ähnlicher. Wie sie geht er seinem Ende zu, ohne in sich zu gehen, übertönt er Angst mit fiebriger Aktivität, vermeidet es, jene Stille aufkommen zu lassen, in der sich die Wahrheit offenbart. Der Herbst von Antonio Vivaldis Leben wird zunehmend dunkler. *Ombrosità*, legt sich über seine Tage – das heißt wörtlich übersetzt „Schattigkeit". Doch es bedeutet auch jene Verschattung, die es in der Seele dunkel werden lässt: Argwohn und Misstrauen. Vivaldi glaubt nicht mehr daran, dass er in seiner Heimat glücklich und zufrieden leben kann. Er fühlt sich verkannt und erniedrigt.
Noch hält ihn aber eine Hoffnung aufrecht: dass er anderswo finden könnte, was er verloren hat. Dass in einer anderen Stadt, in einem anderen Land, vor einem anderen Publikum noch einmal die Sonne aufgeht für ihn. Und als der Mai die Serenissima erleuchtet, verlässt Vivaldi mit Annina seine Heimat.

L'autunno
Der Herbst

Rezepte

Zucca baruca in agrodolce

Kürbis süsssauer

Wie viele der süßsauren Gemüserezepte ist auch dieses der jüdischen Kochtradition in Venedig zu verdanken, zumal Kürbis in vielen Zubereitungsarten – wie die Möhren (siehe *Carote in agrodolce*, Seite 135) – zu den unverzichtbaren Gerichten zu Rosch Haschana, dem jüdischen Neujahrsfest im Herbst, und zum höchsten jüdischen Feiertag, Jom Kippur, gehörte. Auch katholische Familien wie die Vivaldis kannten und schätzten solche Rezepte: Die Lust an gutem Essen kennt keine konfessionellen Schranken.

Für 4 Personen

1 kg Kürbisfleisch, in kleinen, ca. 6 cm dicken Scheiben
Öl zum Braten
100 ml Weissweinessig
3 dl Weisswein
2 TL Zucker
3 Knoblauchzehen
3 EL Minzeblätter
Salz und frisch gemahlener Pfeffer

Die Kürbisscheiben im Öl herausbacken und abtropfen lassen. Das Öl weggießen und nun die Scheiben in die nur noch ausgefettete Pfanne geben, den gehackten Knoblauch mit dem Kürbis warm werden lassen und mit Essig und Weißwein begießen. Salz, Zucker, Pfeffer und zerkleinerte Minze hinzufügen, aufkochen lassen und ca. 10 Minuten auf kleiner Flamme weiterköcheln. Anschließend vom Feuer nehmen, 6–12 Stunden zugedeckt und bei Zimmertemperatur durchziehen lassen.

Cape sante alla venessiana

Jakobsmuscheln auf venezianische Art

Jeder Fischfachhändler hält das Jakobsmuschelfleisch mit dem roten delikaten Rogen, der Corail, die wie eine kleine Zunge an dem festen, nussartigen Fleisch hängt, ausgelöst bereit. Wer sich dazu einmal leere Schalen kauft (ebenfalls beim Fischhändler), kann die Muscheln auch passend anrichten.

Für 4 Personen

12 Jakobsmuscheln mit Corail, ausgelöst
Weissbrotbrösel
⅛ l Olivenöl extra vergine
2 EL Butter
3 Knoblauchzehen
1 Bund glatte Petersilie
1 dl trockener Weisswein
Salz und frisch gemahlener schwarzer Pfeffer

Das Jakobsmuschelfleisch samt Corail gründlich in den möglichst frisch geriebenen Semmelbröseln wenden. Das Olivenöl, die Butter und die ganzen Knoblauchzehen in einen flachen Topf geben und heiß werden lassen. Die Zehen herausnehmen, die panierten Jakobsmuscheln mit dem Corail hineingeben und bei kleiner Hitze sanft von allen Seiten kurz golden braten. Sind sie fast gar, die fein gehackte Petersilie und den Wein zugeben, leicht salzen und frischen Pfeffer darüber mahlen.

Gnocchi di zucca

Kürbisklösschen

Für 6 Personen

1½ kg Muskatkürbis
3 Eier
450 g Mehl
Salz
150–200 g Butter
Zimt
etwas Zucker
200 g Parmesan, frisch gerieben

Den Backofen auf 200 °C vorheizen.
Den Kürbis schälen, seinen fasrigen Mittelteil und die Kerne entfernen. Dann das Kürbisfleisch in Stücke schneiden, auf ein geöltes oder mit Backpapier bedecktes Backblech legen und im vorgeheizten Ofen ca. 20 Minuten backen. Heiß in eine Schüssel geben und mit einem Stampfer gleichmäßig pürieren. Eier, Mehl und Salz zugeben und alles zu einer glatten, geschmeidigen Masse verrühren.

In einem sehr großen Topf leicht gesalzenes Wasser zum Kochen bringen. Nun aus der Kürbismasse mit zwei Esslöffeln zwetschgengroße Klößchen formen und in Portionen von ca. 6 Stück vorsichtig ins kochende Wasser rutschen lassen. 3 Minuten garen, mit der Schaumkelle herausheben und in eine vorgewärmte Schale geben. Die zerlassene Butter, den Zimt, den Zucker und den Parmesan darüber streuen und sofort servieren.

Carote in agrodolce

Möhren süsssauer

Weil es golden leuchtet, verspricht dieses Gemüse Wohlstand und symbolisiert Hoffnung. Deswegen ist es von alters her ein klassisches Gericht der venezianischen Juden für Rosch Haschana.

Für 4 Personen

100 g Rosinen, in Weisswein eingeweicht
1 Gemüsezwiebel
1 kg Möhren
3 El Olivenöl extra vergine
3 El Gänseschmalz
50 g Pinienkerne
1 El Weissweinessig
Salz und frisch gemahlener Pfeffer

Die Zwiebel fein hacken und in Öl andünsten, die dünnen Möhrenscheiben zugeben und das Gänseschmalz in Flocken zwischen die Möhren setzen. Auf mittlerer Flamme garen. Wenn die Möhren noch Biss haben, Pinienkerne und Rosinen zugeben, unterrühren und alles zusammen 3–5 Minuten weiterdünsten. Etwas Fett abgießen, den Essig dazugeben und warm bis lauwarm servieren.

Faraona in peverada

Perlhuhn in Pfeffersauce

Für 6 Personen

1 Perlhuhn (1,2 kg), küchenfertig
50 g Butter
⅛ l Olivenöl extra vergine
100 g Pancetta oder anderer durchwachsener Speck
Salz
2 El eingelegte Chilischoten
⅛ l Weisswein
300 g Perlhuhn- oder Geflügellebern
3 Scheiben Soppressa oder weiche, gewürzte Salami
8 Sardellenfilets
2 Knoblauchzehen
1 kleine Zwiebel
1 Bund glatte Petersilie
1 unbehandelte Zitrone (Schale und Saft)

Das Perlhuhn waschen, sorgfältig trocknen und in sechs Teile schneiden. Speck fein würfeln, Lebern, Soppressa, Sardellenfilets, Zwiebeln, Chilischoten und Petersilie fein hacken. Die Butter in einem Schmortopf mit dem Öl erhitzen, zuerst die Pancetta, dann die Perlhuhnteile hineingeben und auf großer Flamme gleichmäßig anbraten. Salz und die Hälfte der Chilischoten zugeben, mit dem Weißwein übergießen und zugedeckt auf kleiner Flamme 1 Stunde sanft schmoren, die *Faraona*-Teile dabei immer wieder wenden. Das restliche Olivenöl in einer kleinen Pfanne erhitzen, Leber, Soppressa, Sardellenfilets, Knoblauch, Zwiebel und Zitronenschale darin anbraten. Wenn die Zwiebel golden ist, Petersilie, Zitronensaft und, wenn nötig, etwas Salz zugeben, dann die zweite Hälfte der Chilischoten hinzufügen und alles vom Herd nehmen. Die Lebermischung um die Perlhuhnteile herum dekorieren und heiß servieren.

Erst lange nach Vivaldis Tod, während der Herrschaft der Habsburger, bekam dieses sehr alte Gericht aus dem Veneto seinen seltsamen Namen: Die österreichischen Polizisten, abfällig *sbirri* – Schergen oder Häscher – genannt, erklärten es nämlich zu ihrem Leibgericht – wahrscheinlich, weil es nicht so „befremdlich" italienisch schmeckte wie vieles andere und äußerst sättigend ist. Vielleicht aber auch, weil die Schergen auf den Bauernhöfen der *terra ferma* einfach Hühner raubten und auf diese altbewährte Weise verkochen ließen. Wie alle Risotti der venezianischen Küche sollte auch dieser suppiger als sonst in Italien üblich gekocht werden – *all'onda* (*onda* heißt „Welle") nennt sich das im heimischen Sprachgebrauch.

Risoto alla sbirraglia

Risotto nach Art der Häscher

Für 6 Personen

1 Hähnchen (ca. 1,2–1,5 kg),
gewaschen und roh in 6 Teile tranchiert,
oder küchenfertige Hähnchenteile
2 l Hühnerbrühe
4 Zwiebeln
4 Möhren
4 Stangen Bleichsellerie
6 EL Olivenöl extra vergine
150 g Butter
⅛ l Weisswein
200 g Parmesan, frisch gerieben
400 g Risottoreis (Arborio oder Vialone)
Salz und frisch gemahlener Pfeffer

Jeweils die Hälfte der Zwiebeln, Möhren und Sellerie (alles fein gehackt) in der Hühnerbrühe zum Kochen bringen und auf kleiner Flamme weiterköcheln lassen. In einem großen Topf das Öl und die Hälfte der Butter erhitzen, die zweite Hälfte des gehackten Gemüses darin andünsten, bei großer Flamme die Hähnchenteile zugeben und rundum golden braten. Bei Bedarf Hühnerbrühe zugießen.

Wenn die Hähnchenteile fast gar sind, den Reis hinzugeben und gut unterrühren. Nun zuerst den Wein angießen; wenn er eingekocht ist, schluckweise die Hühnerbrühe zugeben: Immer erst dann nachgießen, wenn die Flüssigkeit aufgesogen ist. Wenn der Reis weich ist, leimig und fast suppig, die restliche Butter untermischen, salzen, pfeffern und mit dem geriebenen Parmesan servieren.

Capriolo in salmì

Ragout vom Reh in würziger Sauce

Für 4 Personen

1,2 kg Rehragout oder besser ca.
1 kg Rehgulasch (von der Schulter),
ausgelöst und grob geschnitten
etwas Mehl
100 g Butter
etwas Olivenöl extra vergine
200 g Speck

Für die Marinade:

3 Zwiebeln
4 Knoblauchzehen
2 Stangen Bleichsellerie
6 EL Olivenöl extra vergine
6 Lorbeerblätter
Einige Gewürznelken
1 EL Wacholderbeeren
Einige Salbeiblätter
einige Thymian- und Rosmarinzweige
2–3 kleinere Zimtstangen
1 l körperreicher trockener Rotwein
(aus dem Valpolicella)
½ Glas guter Rotweinessig
Salz und frisch gemahlener Pfeffer

Wein, Essig, das gehackte Gemüse und alle Kräuter und Gewürze in eine große Schüssel geben. Das Rehfleisch in nicht zu kleine Würfel schneiden und in dieser Marinade zugedeckt 24 Stunden ziehen lassen. Die Rehstücke herausnehmen, trocken tupfen und mit Mehl bestäuben. Den Speck mit der Butter und etwas Öl in einer großen Kasserolle anbraten, dann die bemehlten Rehstücke dazugeben und rundherum kräftig anbraten. Nun die Marinade samt Gemüse und Gewürzen zugeben und das Ganze bei milder Hitze 2–3 Stunden lang schmoren. Sind sie ganz zart und mürbe, die Rehstücke aus der Kasserolle nehmen, den Fond abseihen. Nun das Fleisch zurück in die leere Kasserolle geben, mit dem Fond begießen und alles nochmals kurz erwärmen. Salzen und pfeffern, mit heißer Polenta servieren.

Bigoli con l'anatra

Vollkornspaghetti mit Ente

Wahrscheinlich ist diese herzhafte Pasta eine Erfindung aus dem venezianischen Ghetto und kam möglicherweise – wie angeblich fast alle Gerichte, die mit Gans, Ente und Truthähnen oder -hennen zu tun haben – durch die jüdische Bevölkerung auf die Tische der *cristiani*. Es geht hier allerdings nicht um die Ente selbst, sondern um ihre Brühe, die den Bigoli einen unvergleichlichen Geschmack verleiht.

Für 4 Personen

- 400 g Bigoli oder andere Vollkornnudeln
- 2 Zwiebeln
- 2 Stangen Bleichsellerie
- 1 Bund Salbei
- Salz und frisch gemahlener Pfeffer
- 1 Ente, küchenfertig
- 500 g Entenlebern
- 3 Möhren
- 100 g Butter
- Butter zum Verfeinern
- 200 g Parmesan, frisch gerieben

Zwiebeln vierteln, Bleichsellerie in Stücke schneiden und Möhren halbieren. Die Ente mit diesem Gemüse in einen großen Topf geben und mit Wasser bedecken. Zum Kochen bringen und zugedeckt ½ Stunde kochen lassen. Herausnehmen, enthäuten und wieder in die Brühe geben. Eine weitere Stunde lang kochen.

Inzwischen die Entenlebern hacken. Die Butter in einer kleinen Pfanne erhitzen, die Salbeiblätter darin bräunen, dann die Innereien zugeben, anbraten und mit Brühe löschen. Salzen, pfeffern und eine halbe Stunde auf kleiner Flamme köcheln lassen.

Die Ente aus der Brühe nehmen, tranchieren und die tranchierten Teile auf einer Servierplatte warm halten: Sie kann als Hauptgang mit Gemüse serviert werden. Die Brühe durch ein Sieb gießen und ohne Gemüse noch einmal aufkochen lassen. Die Bigoli oder andere Vollkornnudeln hineingeben und unter gelegentlichem Umrühren al dente kochen. Abgießen, in eine vorgewärmte Schüssel geben, mit der Leber-Salbeimasse vermischen, mit Butterstückchen verfeinern und, wenn nötig, etwas von der Entenbrühe dazugießen. Mit Parmesan bestreuen und sofort servieren.

Dass dieses Gericht auch schon Vivaldi zum Fest der Madonna della Salute gegessen hat, ist sicher: Seit 1631 ist es als Festtagsessen zu diesem Marienfest dokumentiert. Diese Ehre erhielt es nicht zufällig: Angeblich haben die Venezianer die Pestepidemie des Jahres 1600 nur überlebt, indem sie sich vor allem von diesem gepökelten Hammelfleisch ernährten, das hygienisch halbwegs einwandfrei war. Die Sitte, Hammelfleisch zu räuchern, ist allerdings nicht venezianischen Ursprungs, sondern stammt aus Dalmatien.
Sie können die *castradina* im Original nur nachkochen, wenn Sie sich diese Spezialität aus Venedig mitbringen. Ursprünglich handelte es sich dabei um gepökeltes, geräuchertes und dann an der Sonne getrocknetes Fleisch, das vorher eingeweicht werden musste; heute wird frisch abgehangene Hammel- oder auch Lammkeule geräuchert. Wer sich beim Anglerbedarf jedoch für wenig Geld eine Räucherkiste kauft, kann sich das Fleisch auch selbst vorbereiten: So wird das Fest zum wirklichen Ereignis. Ebenso gut kann man aber, wie das heute die meisten, nein: fast alle Venezianer tun, das Lamm auch „nature" verwenden. Wozu auch immer Sie sich entschließen: Serviert wird dieses Gericht jedenfalls immer mit *verze sofegae* oder *fogie di verza* – geschmortem Wirsing oder einer Wirsingsauce.

Castradina in brodo con fogie di verza

Geräuchertes Hammelfleisch in der Brühe mit Wirsingsauce

Für 4 Personen

1¼ kg Lammkeule
3 Stangen Bleichsellerie
4 Zwiebeln
4 Möhren
6 Lorbeerblätter
12 Wacholderbeeren

Für die Wirsingsauce:

2 kleinere Wirsingköpfe
8 Sardellenfilets
3–4 TL Kapern
2 TL Meerrettich pur, wenn möglich frisch gerieben
2 Peperoncini
3 Knoblauchzehen
6 EL Olivenöl extra vergine
2 EL Butter
Salz

Die Lammkeule waschen und trocknen. In einen großen Topf legen, mit Wasser bedecken, Gemüse und Gewürze (fein gehackt, der Knoblauch gepresst) zugeben und auf mittlerer Flamme zum Kochen bringen. Dann bei geringer Hitze weiterköcheln, bis das Fleisch ganz mürbe ist. Den Wirsing in Blätter zerteilen, von den Blattstielen und Strünken befreien, waschen und 3–5 Minuten in kochendem Salzwasser blanchieren. Abgießen, mit kaltem Wasser abschrecken, abtropfen lassen, gegebenenfalls trocken tupfen und in feine Streifen schneiden. Die Sardellenfilets waschen und fein hacken. Butter und Öl in einem Topf erhitzen, Wirsing und die anderen Zutaten hineingeben, köcheln lassen und pürieren. Nach Geschmack nachsalzen. Die Lammkeule auslösen, in Scheiben auf eine erwärmte Platte legen und mit der Wirsingsauce servieren.

Castradina in brodo con verze sofegae

Geräuchertes Hammelfleisch in der Brühe mit geschmorten Wirsingblättern

Für 4 Personen

ca. 1 kg geräuchertes Hammelfleisch
2 Zwiebeln
2 Stangen Bleichsellerie
3 Knoblauchzehen
3 Möhren
Salz und schwarze Pfefferkörner

Das Fleisch in nicht zu kleine Stücke schneiden, Zwiebeln vierteln, Sellerie in Stücke schneiden und Möhren raspeln. In einem Topf mit viel kaltem Wasser das Gemüse, dem Salz und Pfefferkörner beigegeben wurden, zum Sieden bringen und eine Weile ordentlich durchkochen lassen. Die Brühe abgießen und das Fleisch nun noch einmal mit dem Gemüse in frischem kalten Wasser aufsetzen und 3–4 Stunden köcheln lassen.

Das Fleisch muss völlig mürbe sein und wird ohne das Suppengemüse mit einem kleinen Schluck Brühe und geschmortem Wirsing serviert.

Verze sofegae

Geschmorte Wirsingblätter

Für 4 Personen

1 kg Wirsing
3 EL Olivenöl extra vergine
150 g Speck
2 Knoblauchzehen
2 Zwiebeln
2 Zweige Rosmarin
1/8 l Weisswein
etwas Muskatnuss, frisch gemahlen
Salz und frisch gemahlener schwarzer Pfeffer

Zuerst den gewürfelten Speck, dann auch Rosmarin, Zwiebeln und Knoblauch (alles fein gehackt) im Olivenöl andünsten. Die Wirsingblätter putzen, von den dicken Blattrippen befreien, in Streifen schneiden und dazugeben. Salzen, Pfeffer und Muskatnuss darüber reiben. Auf kleiner Flamme unter wiederholtem Rühren – damit der Wirsing nicht anbrennt – ca. 1 Stunde schmoren, zwischendurch zudecken, dann den Weißwein zugießen und eine weitere halbe Stunde offen zu Ende garen.

Petto d'anatra in agrodolce

Entenbrust süßsauer

Für 6 Personen

6 kleinere Entenbrüste von je ca. 200 g
gewaschen und getrocknet
Salz und frisch gemahlener schwarzer Pfeffer
150 g Butter
½ TL Fenchelsamen
½ TL Anissamen
1 TL Kreuzkümmel
1 TL Korianderkörner
4 Stückchen Zimtstange
1 TL Sesamsamen
1 walnussgrosses Stück Ingwer
2 EL flüssiger Blütenhonig
¼ l guter Rotweinessig
½ l Rotwein
½ l Entenfond, am besten frisch zubereitet

Die Entenbrüste mit Salz und Pfeffer würzen und in einer Pfanne in der Hälfte der erhitzten Butter auf mittlerer Flamme von beiden Seiten goldbraun braten. Entnehmen und warm stellen. Das Fett des Bratensafts abschöpfen und wegschütten.
Nun alle Gewürze im Mörser leicht zerstoßen und dann dem fettfreien Bratensaft zugeben. Anschließend zuerst den Honig, einige Minuten danach den Essig und danach den Rotwein zugießen und einkochen lassen. Jetzt den Entenfond hinzufügen und erneut einkochen lassen. Vom Herd nehmen, die restliche Butter einrühren und die Sauce nochmals aufschlagen.
Die Entenbrüste (sie sollen innen noch zart rosa sein) in feine Scheiben schneiden, auf einer entsprechend großen vorgewärmten Platte anrichten und mit der Sauce überziehen.

Tacchino alla schiavona

Truthahn nach Art der Schiavoni (Dalmatiner)

Warum die Venezianer ausgerechnet ihren Verbündeten, den Dalmatinern, nach denen auch die Riva degli Schiavoni und die Scuola di San Giorgio degli Schiavoni benannt ist, einen Namen gaben, der an das italienische Wort für Sklaven – *schiavi* – erinnert, weiß niemand. Dieses Rezept jedenfalls ist dalmatinischen Ursprungs und war immer schon wegen seiner genialen Einfachheit beliebt. Der Speck hält den Saft im Fleisch und verhindert jedes Austrocknen.

Für 8 Personen

1 junger Truthahn von ca. 3 kg, küchenfertig
12 Dörrpflaumen
12 Maronen
2 Bleichsellerie-Herzen
etwas Butter
300 g Pancetta oder anderer Bauchspeck
Salz und frisch gemahlener Pfeffer

Den Truthahn von innen und außen salzen und pfeffern. Selleriestücke, geschälte Maronen und entsteinte Dörrpflaumen vermischen und mit etwas Butter in den Truthahn füllen. Den Truthahn mit den Speckscheiben umwickeln, mit Küchenzwirn zusammenbinden und so im Grill oder im Ofen (dort zweimal wenden) braten. Immer wieder mit dem heraustretenden Fond begießen.
Ist der Truthahn gar, tranchieren und ohne die Füllung servieren.

Persegada

Quittenbrot

Einen Baum mit *pomo codogni*, wie die Venezianer die Quitten nennen, hatte jeder in seinem Gärtchen stehen, und war es noch so knapp bemessen. Quitten sind nicht nur unverzichtbarer Bestandteil des geliebten Ratafià, eines Likörs, den man angeblich bei Vertragsunterzeichnungen anbot – *ratifica* heißt „Ratifikation", daher der Name des Likörs. Jede venezianische Hausfrau stellte auch allherbstlich *persegada* her, die anderswo *cotognata* heißt: ein Quittenbrot aus getrockneter Marmelade. Weil es ursprünglich aus Pfirsichen hergestellt wurde, hielt sich in Venedig der Name *persegada*. Sie gelingt übrigens besser, wenn die Quitten noch nicht ganz reif sind.

Ergibt ca. 20 Stück

1 kg Quitten
1 Zitrone (Saft)
1 kg Zucker

Die Quitten gut waschen, in einem großen Topf in viel Wasser weich kochen, entnehmen, schälen und vom Kerngehäuse befreien. Die Quittenstücke nun wieder in einen Topf geben und unter Rühren zu Mus verkochen. Dann das Mus durch ein Sieb streichen, mit derselben Menge Zucker vermischen und auf je 1 kg Fruchtbrei den Saft von 1 Zitrone beigeben. Alles zusammen noch einmal 1 Stunde kochen, vom Herd nehmen und abkühlen lassen. Ist das Mus lauwarm, auf ein Backblech mit hohem Rand (Fettpfanne) gießen, das zuvor sorgfältig mit Backpapier ausgelegt worden ist. 12 Stunden trocknen lassen, dann wenden und ebenso lang von der anderen Seite trocknen. In kleine Rauten, Rechtecke oder Würfel schneiden, in Sandzucker wälzen und in luftdicht schließenden Dosen aufbewahren.

Fave dei morti

Bohnen der Toten

Für 4 Personen

75 g Mandeln, geschält
75 g Pinienkerne
150 g Zucker
5 EL Mehl
3 EL Butter
1 TL Zimt
1 unbehandelte Zitrone (Schale)
1 Schnapsglas Grappa
etwas Mehl
1 Ei

Fein gehackte Mandeln und Pinienkerne, Zucker, Mehl, Butter, Zimt und abgeriebene Zitronenschale zu einem festen Teig verkneten. Den Teig mit bemehlten Händen zu mehreren daumendicken Rollen formen und diese in fingerdicke Scheibchen schneiden. Ein Backblech gut fetten, die Scheibchen flach drücken, aufs Blech setzen, mit dem verquirlten Ei bestreichen und bei 160 °C 12–15 Minuten golden backen.

FLORIAN
FLORIAN

CAFFE

Der Winter seines Lebens

Einsamkeit im Herzen Wiens

Ein Fremder ist Vivaldi nicht in Wien. Er kennt die Stadt, er kennt dort Mäzene, er kennt die musikalischen Zirkel. Und er kann sich sogar, was die Ernährung angeht, an Vertrautes halten.

In der Frittatensuppe schwimmt das in der Brühe, was er daheim als *frittata* kennt, bei dem beliebten Karfiol handelt es sich um das Gleiche, was seine Mamma schon als *cavalfiore* auf den Tisch stellte, die Pafesen, jene im Fett herausgebackenen Semmelschnitten, die ihren Namen von Pavia haben – zubereitet *alla pavese* –, sind dem Venezianer auch vertraut. Es gibt hier wie in Venedig Kaffeehäuser mit duftendem Gebäck, Kipferln und Krapfen, aber die Wirtshäuser sind schlecht, oft sogar trostlos. Zu Recht heißen die Quartiere in den Klöstern, die Fremden Kost und Logis anbieten, „Zum Elend". Es gibt ein paar wenige Gaststätten für diejenigen, die Geld haben, das „Lothringer Bierhaus" zum Beispiel, direkt bei der Hofburg. Aber das kann sich Vivaldi nicht leisten. Gut gegessen wird in Wiens gehobenen privaten Kreisen, den adligen wie den bürgerlichen – aber zu ihnen kann sich der alte Komponist kaum Zugang verschaffen.

Verglichen mit Venedig ist das Wien, in dem Vivaldi im Februar 1741 ankommt, sehr verschlossen, ist noch nicht jene gastliche Stadt, die es werden sollte. Zwar ist die junge Maria Theresia, die mit 23 Jahren gerade erst die Regierungsgeschäfte übernommen hat, noch nicht von der späteren Prüderie gepackt, ist vielmehr lebenslustig und festehungrig – nur bekommt kaum ein Fremder den Fuß in die Türen der Salons, in denen gefeiert und getanzt wird. Und um beim Karnevalstreiben mitzumachen, das hier bei seiner Ankunft nicht so exzessiv, aber immerhin sehr ausgelassen und ausgiebig tobt, ist Vivaldi viel zu gebrechlich.

Weniger von Wiener Kost und Verständnis ernährt sich Vivaldi als von der Hoffnung, dort noch einmal das zu erleben, was ihn sättigt: Erfolg. Mitten im Herzen der Stadt, beim Kärntnertor-Theater mietet er sich ein im so genannten Satlerischen Haus, bei der Witwe Maria Agathe Wahlerin.
Doch es klingt nicht eben hoffnungsfroh, was Anfang Februar 1741 der Herzog Anton Ulrich von Sachsen Meiningen in sein Tagebuch einträgt: Der alte Vivaldi oder *prete rosso* habe bei ihm vorbeigeschaut, sei aber auf einen anderen Tag vertröstet worden.
Vivaldi rückt in seiner Not dem Herzog offenbar auf den Pelz. Aber der vermerkt ungerührt vier Tage später, der Komponist sei mittlerweile noch zweimal aufgekreuzt, gesprochen habe er allerdings noch immer nicht mit ihm.
Am 29. Juni kommt endlich wieder etwas Geld herein. Mit schwacher Hand quittiert Vivaldi zwölf Ungarische Dukaten, die er für ein paar Partituren vom böhmischen Grafen Vinciguerra von Collalto, einem Venezianer, der in Mähren lebt, erhält. Vermutlich für eine Sinfonie und zwölf bis fünfzehn Violinkonzerte, die sich in Brünn im Inventar Collalto finden. Nicht einmal ein Dukaten pro Werk – davon kann auch ein gebrechlicher Mann, der nicht mehr ausgeht und wenig isst, nicht leben.
Ende Juli ist es immer schon unerträglich heiß in Wien, die Luft steht reglos zwischen den hohen Fassaden. Doch Antonio Vivaldi friert. Es gibt niemanden mehr – außer Anna und Paolina, die ihn wärmen. Und das, was er mehr als alles andere braucht, um seine musikalische Kraft zu nähren, spendet ihm keiner mehr: Bewunderung.
Ob ihn zum Schluss die Sehnsucht packt, noch einmal den Geschmack von Venedig auf der Zunge zu haben, von fangfrischen Fischen, Knoblauch und Muscheln? Ob er den Geruch seiner Heimat vermisst, in dem sich der Gestank fauler Eier aus den Kanälen mit dem köstlichen Duft aus den Cafés und Kneipen vermischt, überlagert von Parfum und Myrrhe?
Ob er sich sehnt nach dem diesigen Licht über der Lagune?
Winter ist Starre. Und starr werden heißt sterben. Der Venezianer in Wien kann und mag sich nicht mehr bewegen.
Es ist ein großes, düsteres Haus, in dem Antonio Vivaldi am 28. Juli 1741 stirbt. Und noch am selben Tag wird er auf dem Spittaler Gottesacker beigesetzt – der auch Armesünder-Gottesacker heißt, weil dort hingerichtete Straftäter einge-

graben werden. Kein majestätischer Glockenklang, kein feierlicher Trauerzug begleiten sein Begräbnis, nur das, was sich „Kleingeleuth" nennt, die billigste Zeremonie – ein Armenbegräbnis. Kaum ist er unter der Erde, packt Anna die Koffer und reist heim nach Venedig.

Vivaldi wäre siebzig, als sie 1748 heiratet. Einen Grafen Zanardi Landi, der mit Vivaldi nichts als den Vornamen teilt – Antonio. Für Annina, die umjubelte Primadonna, die umstrittene Geliebte des *prete rosso*, hat sich alles verändert. Doch in Venedig ist fast alles beim Alten geblieben. Denn dass der Mann tot ist, dessen Klänge einmal die ganze Stadt erfüllt haben, ist kaum einem aufgefallen. Ein Venezianer, der den Roten Priester nur vom Hörensagen kennt, notiert nicht ohne moralische Säure in sein Gedenkbuch: „Der Abbate Antonio Vivaldi, ein unvergleichlicher Violinspieler, genannt der Rote Priester, hoch geschätzt wegen seiner Kompositionen und Konzerte, verdiente in seinen Tagen mehr als 50 000 Dukaten (jährlich), starb aber infolge seiner ungeheuren Verschwendungssucht arm in Wien." Wann und wo er sein Geld verschwendet haben soll und ob er wirklich bettelarm war, als er starb, das interessierte keinen. Schnell war der einst so umschwärmte Rote Priester in der Serenissima völlig vergessen.

Und doch waren Vivaldi und Venedig so eng, so unlösbar miteinander verbunden, wie kaum ein anderer Künstler mit dieser Stadt. Bis heute spüren wir im changierenden Venedig wie in Vivaldis schillernder Musik dieselbe unstillbare Begierde: ganz ruhig, ganz Natur zu werden, Wurzeln zu schlagen, Stabilität zu gewinnen und normal zu sein – wie alle anderen auf der Welt. Aber wir wissen es: Genau darin, dass dieser Wunsch niemals erfüllt wurde und werden wird, liegt die Magie von beiden, von Venedig und von Vivaldi. „Venedig wäre nicht Venedig, wenn es nicht im Meer läge", hat Hermann Hesse gesagt. Und Vivaldi wäre nicht Vivaldi, hätte er sich für eine Identität entschieden.

Und wenn wir seine *Quattro Stagioni* hören, dann hören wir nicht seine Wirklichkeit. Wir hören seine Sehnsucht.

L'inverno
Der Winter

Rezepte

Gnocchi di polenta e cannella

Polentaklösschen mit Zimt

Für 4 Personen

1 kg fertige, möglichst feste Polenta
(siehe Seite 43)
Butter für die Form
350 g Butter
12 Salbeiblätter
2 TL Zimt
200 g Parmesan, frisch gerieben
frisch gemahlener Pfeffer

Den Backofen auf 180 °C vorheizen. Aus der Polenta mit zwei Teelöffeln Klößchen ausstechen und in eine gebutterte Auflaufform setzen. Die Butter klären (also von der schaumigen Molke befreien), die Hälfte davon gleichmäßig über die Gnocchi gießen und das Ganze im heißen Ofen ca. 20 Minuten lang backen. In der Zwischenzeit den Salbei hacken und in die übrige geklärte Butter geben, damit sie den Salbeigeschmack annimmt. Die Gnocchi aus dem Backofen nehmen, mit der Salbeibutter übergießen, Zimt und Parmesan gleichmäßig darauf verteilen. Pfeffer darüber reiben und heiß servieren.

Patea rosta al melograno

Truthahn mit Granatapfel

Erst ab November ist den Venezianern der Truthahn zart genug – weshalb er zum Winterklassiker geworden ist.

Für 4–6 Personen

1 junger Truthahn (ca. 2 kg), gerupft, küchenfertig,
samt allen Innereien
50 g Butter, weich
50 g Butter, flüssig
1,5 dl Olivenöl extra vergine
4 reife Granatäpfel
8 Salbeiblätter
Salz und frisch gemahlener schwarzer Pfeffer

Den Backofen auf 180 °C vorheizen. Truthahn von innen kräftig salzen und die weiche Butter hineinreiben. Nun die Keulen mit Küchengarn zusammenbinden, den Truthahn in einen Bräter legen, mit der flüssigen Butter und dem Öl bestreichen und im Ofen 3 Stunden braten. Immer wieder mit dem austretenden Geflügelsaft begießen, damit er nicht trocken wird. Die Kerne von zwei Granatäpfeln auspressen und mit der Hälfte dieses Safts den Truthahn nach ungefähr 1½ Stunden begießen. Die Truthahnleber und den Magen waschen, trocken tupfen, grob hacken und in 2 EL Olivenöl auf großer Flamme anbraten, die Salbeiblätter zugeben und mitbraten. Das Ganze mit der anderen Hälfte des Granatapfelsafts löschen, salzen, pfeffern und vom Herd nehmen. Die Kerne aus den übrigen zwei Granatäpfeln nehmen und zur Seite stellen. Den fertig gebratenen Truthahn in portionsgerechte Stücke tranchieren, diese in eine ofenfeste Form betten und mit der Leber-Granatapfelsaft-Mischung begießen. Die Kerne der anderen beiden Granatäpfel darauf verteilen und nochmals bei 230 °C 10 Minuten lang im Backofen knusprig werden lassen.

Riso e verze

Reissuppe mit Wirsing

Für 4 Personen

600–700 g Wirsingblätter
2 Zwiebeln
50 g Pancetta oder magerer Speck
2 EL Butter
1,5 l Fleisch- oder Geflügelbrühe, am besten frisch zubereitet
200–250 g Reis (kein Risottoreis!), in Salzwasser körnig gekocht
1 Bund glatte Petersilie
1 Knoblauchzehe, gepresst
Salz und frisch gemahlener schwarzer Pfeffer
200 g Parmesan, frisch gerieben

Petersilie, Zwiebeln und Speck fein hacken, die Wirsingblätter von den harten Stielen befreien, waschen, trocknen und grob hacken. Die Brühe erhitzen. Speck und Butter in einen Topf geben, erhitzen, dann die Zwiebeln hinzufügen und goldgelb werden lassen. Den Wirsing zufügen und einige Minuten dünsten. Mit kochender Brühe ablöschen, alles nochmals zum Kochen bringen, Reis, gepressten Knoblauch und Petersilie dazugeben. Salzen, pfeffern und das Ganze kurz zusammen köcheln lassen. Von der Flamme nehmen, den Parmesan zur Hälfte untermischen. Den Rest getrennt zum Essen reichen.

Riso e fasijoi col brodo

Reis mit weissen Bohnen in Brühe

Für 4 Personen

250 g getrocknete weisse Bohnen,
6 Stunden lang oder über Nacht eingeweicht
3 Zwiebeln
3 Möhren
2 Stangen Bleichsellerie
2 Knoblauchzehen
8 EL Olivenöl extra vergine
1 Stück geräucherte Schweineschwarte
350 g Reis
1 l Gemüse- oder Fischbrühe
Salz und frisch gemahlener Pfeffer

Die Hälfte des Olivenöls in einem Topf erhitzen und das gehackte Gemüse mit dem gepressten Knoblauch darin andünsten; die Schweineschwarte hineinlegen. Die eingeweichten Bohnen abgießen und zum Gemüse in den Topf geben, mit Wasser bedecken und alles zusammen zugedeckt auf kleiner Flamme mindestens 2 Stunden garen. Nun die Schwarte und die Hälfte der Bohnen herausnehmen und zur Seite stellen. Die übrigen Bohnen zusammen mit dem Gemüse pürieren. Die übrigen 4 EL Olivenöl in einem weiteren Topf erhitzen, den Reis hineingeben. Glasig dünsten, dann das pürierte Gemüse einrühren, die Gemüsebrühe zugießen und die ganzen Bohnenkerne zugeben. Das Ganze ca. 20 Minuten leise köcheln lassen. Salzen, pfeffern und heiß servieren.

Wenn Reste von Salami, Geflügel oder Fisch vorhanden sind, einfach zum Schluss in den Topf geben und kurz warm werden lassen.

Branzino in bianco

Wolfsbarsch im Weinsud

Für 4 Personen

2 Wolfsbarsche (je ca. 600–800 g), küchenfertig
Olivenöl extra vergine

Für den Sud:

2 Möhren
2 kleine Zwiebeln
6 Petersilienstängel
¼ l Weisswein
1 EL weisse Pfefferkörner
6 Lorbeerblätter
3 Gewürznelken
2 Stangen Bleichsellerie
1 Fenchelknolle
Salz

Möhren raspeln, Zwiebeln fein hacken, Sellerie in Stücke schneiden und die Fenchelknolle vierteln. Sämtliche Zutaten für den Sud in 1½ l Wasser geben und aufkochen.

Die Wolfsbarsche hineingeben und auf kleiner Flamme ca. 30 Minuten gar ziehen lassen. Die Fische vorsichtig entnehmen, zerlegen und mit frischem Olivenöl extra vergine beträufelt servieren.

Branzino al forno

Wolfsbarsch im Ofen

Für 4 Personen

1 grosser Wolfsbarsch (ca. 1,6 kg oder zwei kleinere à 800 g),
küchenfertig (auch die Kiemen entfernen lassen)
Salz und frisch gemahlener Pfeffer
6 Stängel Salbei
2 Knoblauchzehen
60 g Butter
4–6 EL Weissbrotbrösel
30 g Butter zum Braten
Olivenöl extra vergine

Den Backofen auf 220 °C vorheizen. Den gewaschenen und getrockneten Fisch von innen und von außen salzen und pfeffern. Die Schwanzflosse fest ins Salz drücken, sodass sie wie paniert aussieht – das schützt sie vor dem Verbrennen. Butter klären (von der schaumigen Molke befreien) und in einer großen, am besten ovalen Eisenpfanne den Fisch einmal wenden, damit er überall mit Butter überzogen ist. Nun die Pfanne in den Ofen schieben, nach zehn Minuten herausnehmen, Knoblauch, Salbei und Olivenöl zugeben, Butterflöckchen auf den Branzino setzen, dann den Fisch gleichmäßig mit den frischen Weißbrotbröseln bestreuen und noch einmal 15 (zwei kleine Fische) bis 25 (ein großer Fisch) Minuten im Ofen garen.

Cozze gratinate

Überbackene Miesmuscheln

Für 4 Personen

80 grosse Miesmuscheln,
gründlich abgebürstet und gewaschen
8 Scheiben Weissbrot
4 Knoblauchzehen
1 Bund glatte Petersilie
1/8 l Weisswein
2 kleine Chilischoten
Olivenöl extra vergine
Salz und frisch gemahlener Pfeffer

Das Olivenöl in einem großen Topf erhitzen, die ganzen Knoblauchzehen und die geputzten Chilischoten darin anbraten. Nun die Muscheln und die Hälfte des Weißweins zugeben. Die Muscheln auf kleiner Flamme garen, bis sich die Schalen öffnen. Sofort vom Herd nehmen und – wenn sie abgekühlt sind – aus den Schalen lösen. In eine Schüssel geben und mit der Kochflüssigkeit übergießen. Die Weißbrotscheiben entrinden, reiben und zu den Muscheln geben und alles gut verrühren. Mit Petersilie, Salz und Pfeffer würzen. In die schönsten Muschelhälften jeweils 2 Muscheln geben, mit der Bröselmasse bedecken und mit dem übrigen Weißwein beträufeln. Nun die Muscheln auf ein oder zwei Platten setzen und unter dem heißen Grill oder im Backofen bei starker Oberhitze einige Minuten überbacken.

Pinza veneziana

Venezianische Maistorte

Die nahrhafte Süßspeise gehört zu der Nacht vom 5. auf den 6. Januar – denn das ist die Nacht der *befana*, wie die Hexe (*marantega*), die in der Dreikönigsnacht die Kinder beschenkt, im Dialekt genannt wird.

Für 8 Personen

- 300 g Maisgriess
- ½ l Milch
- 250 g Schweineschmalz (ersatzweise Butter)
- 100 g Pinienkerne
- je 50 g Zitronat und Orangeat oder andere kandierte Früchte wie z.B. Kürbis
- 1 Birne
- 1 Schnapsglas Grappa oder Anisschnaps
- 200 g Weizenmehl
- ½ Päckchen Trockenhefe
- 200 g Butter
- 100 g Sultaninen, in Weisswein eingeweicht
- 6 getrocknete Feigen, in kleine Stücke geschnitten
- 1 Apfel
- etwas Anis
- Butter und Semmelbrösel für die Form

Die kandierten Früchte fein hacken, Feigen klein schneiden, Äpfel und Birnen schälen, vom Kerngehäuse befreien und in feine Schnitze schneiden. Das Weizenmehl in eine Schüssel sieben, mit Hefe und Zucker gründlich vermischen. 1 Glas Wasser, die Milch und das Schmalz (oder die Butter) in einen Topf geben, aufkochen und das Maismehl unter dauerndem Rühren mit einem Holzlöffel einrieseln lassen. Unter ununterbrochenem Rühren 10–15 Minuten kochen. Die Mehl-Hefe-Zucker-Mischung zugeben, dann sämtliche andere Zutaten und die Masse gut vermischen. Weitere 20 Minuten kochen, dabei immer rühren. Eine Springform einbuttern, mit Semmelbröseln ausstreuen und den Teig hineingeben. Die *pinza* nun 1 Stunde im vorgeheizten Ofen bei 180 °C backen. Wenn sie oben eine schöne goldbraune Farbe hat, ist die Maistorte fertig.

Fritole veneziane

Venezianische Krapfen

Ohne *fritole* war kein Karneval denkbar: Sie halfen, den Alkohol zu verkraften, und führten neue Energien zu. *Fritole* gibt es mit verschiedenen Füllungen – von kleinen, gedünsteten Apfel- oder Kürbisstücken über süßen Reis oder süßen Maisbrei bis zu diversen Cremes.

Für 6 Personen

500 g sehr feines Mehl
2 Glas Milch
3 Eier
100 g Zucker
1 Prise Zimt
1 Prise Salz
150 g Sultaninen, eingeweicht in 2 Schnapsgläser Grappa
40 g Hefe, aufgelöst in ½ Glas warmem Wasser
1 unbehandelte Zitrone (Schale)
Butter- oder Schweineschmalz zum Ausbacken
1–2 Vanilleschoten, ausgekratzt und mit Zucker vermischt

In einer Schüssel das Mehl, die Eier, die Milch, den Zucker und die Zitronenschale mit Zimt und Salz vermischen. Dann die Hefe und die eingeweichten Sultaninen mit der Grappa beigeben und alles mit dem Holzlöffel zu einem glatten Teig verarbeiten. Die Schüssel abdecken und den Teig 6 Stunden bei Zimmertemperatur stehen lassen. Wieder mit dem Holzlöffel bearbeiten.

Nun in einer tiefen Pfanne das Schmalz erhitzen, den Teig esslöffelweise hineingeben und zuerst auf der einen, dann auf der anderen Seite goldbraun braten. Dabei besonders aufpassen, dass die Krapfen nicht aneinanderbacken. Mit dem Schaumlöffel aus dem Schmalz heben, abtropfen lassen, noch heiß in Vanillezucker wälzen und auf einer Platte zu einer Pyramide aufhäufen.

Galani

Hohle Krapfen

Ob sie rechteckig und rautenförmig sind und *crostoli* heißen oder schleifenförmig und daher *galani* genannt werden: Es handelt sich immer um Krapfen ohne Füllung, wie sie schon in den venezianischen Kochbüchern des 16. Jahrhunderts erwähnt werden – eine unverzichtbare Leckerei zum *carnevale*. Es gab sie in allen Gesellschaftsschichten, auf allen Maskenbällen, in allen Haushalten. Auch auf der Straße wurden sie angeboten. Vivaldi konnte also gar nicht umhin, *galani* zu essen.

Für 6 Personen

350–400 g feinstes Mehl
75 g Zucker und 2–3 Eier
75 g Butter, weich
1 Schnapsglas Grappa oder Vin santo
½ Glas Milch
1 Prise Salz
Butter- oder Schweineschmalz zum Ausbacken
100 g Puderzucker oder echten Vanillezucker
(siehe Fritole, links)

Das Mehl auf die Arbeitsfläche häufen, Eier, Butter, Milch, Grappa oder Vin santo und Salz in die Mitte geben. Alles gut miteinander verkneten, bis ein geschmeidiger Teig entsteht. Diesen Teig mit dem Nudelholz dünn ausrollen. 3–4 cm breite Streifen schneiden und zu Schleifen binden.

Das Schmalz in einer tiefen großen Pfanne erhitzen und die *galani* darin knusprig goldbraun (nicht zu dunkel) herausbacken.
Mit der Schaumkelle aus dem Fett heben, abtropfen lassen und noch heiß in Puderzucker oder Vanillezucker wenden.

Bignè di zucca

Kürbis-Beignets

Unter *bignè* wurden eigentlich – wie heute noch – schlichte Windbeutel verstanden; diese *Bignè di zucca* aber sind wesentlich aromatischer.

Für 6 Personen

1 kg Muskatkürbis, geschält, vom faserigen Innenteil und den Kernen befreit, in kleine Stücke geschnitten
200 g Rosinen, in Weisswein eingeweicht
70 g Zucker
1 unbehandelte Zitrone (Schale)
1 Prise Salz
1 Prise Zimt
100 g Mehl
1 Messerspitze Backpulver
Sonnenblumenöl zum Herausbacken
Zucker zum Bestreuen

Die Kürbisstücke in einen Topf geben, mit Wasser ganz bedecken und in ca. 20 Minuten al dente garen. Abtropfen lassen, in ein Küchentuch geben und alle Flüssigkeit herauspressen. Die Kürbisstücke nun zusammen mit den Rosinen, dem Zucker, dem Zimt, der Zitronenschale und dem Salz in eine Schüssel geben. Das Mehl mit dem Backpulver vermengen und zugeben. Alles gut vermengen und aus der Masse walnussgroße Bällchen formen. Das Öl in einer tiefen Pfanne heiß werden lassen, die Kugeln darin portionsweise goldbraun herausbacken, mit dem Schaumlöffel herausheben und mit Zucker bestreut heiß servieren.

Panada

Brotpudding

In der Fastenzeit wird dieses billige und köstliche Gericht auch heute noch wie zu Vivaldis Zeiten in vielen venezianischen Haushalten serviert. Es schmeckt allerdings nur mit selbst gemachter Brühe – auch Hühnerbrühe eignet sich dazu ausgezeichnet – wirklich rund und gut.

Für 6 Personen

500 g altbackenes Weissbrot
1½ l Fleisch- oder Hühnerbrühe
2 Prisen Zimt
etwas geriebene Muskatnuss
4 EL Olivenöl extra vergine
200 g Parmesan, frisch gerieben
Salz und frisch gemahlener schwarzer Pfeffer

Die Weißbrotscheiben (das Brot sollte ca. 3 Tage alt sein) in eine feuerfeste Form oder einen Topf legen, mit der Brühe übergießen, bis das Brot völlig bedeckt ist. Mit Zimt bestreuen, etwas Muskatnuss darüber reiben, die Hälfte des Olivenöls darüber träufeln und 45 Minuten zugedeckt stehen lassen. Dann auf kleiner Flamme erhitzen und unter ständigem Rühren 45 Minuten garen, bis eine geschmeidige Masse entsteht. Parmesan, Pfeffer und Salz sowie das restliche Öl zugeben und kräftig umrühren. Nun die offene Form für kurze Zeit in den auf 200 °C vorgeheizten Backofen stellen, bis oben eine goldbraune Kruste entsteht. Sofort servieren. Wer kein Purist ist: Zu diesem Brotpudding passt jeder Salat und fast jedes Gemüse.

Pasta e fasijoi alla veneziana

Pasta mit Bohnen auf venezianische Art

Für 4 Personen

300 g getrocknete Borlotti-Bohnen,
mindestens 6 Stunden lang oder über Nacht eingeweicht
4 EL Olivenöl extra vergine
2 milde Zwiebeln
2 Knoblauchzehen
2 Möhren
2 Stangen Bleichsellerie
2 mehlige Kartoffeln
2 Rosmarinzweige
4 Thymianzweige
200 g Pancetta oder ein anderer durchwachsener Bauchspeck
150 g breitere Hartweizengriess-Pasta (Tagliatelle oder Maltagliati)
Salz und frisch gemahlener schwarzer Pfeffer

Zwiebeln, Knoblauch und Rosmarin fein hacken, Thymianblättchen abrebeln, Möhren raspeln, Sellerie sehr fein, Kartoffeln in Stücke schneiden. Die eingeweichten Bohnen abgießen und in einem großen Topf mit frischem, ungesalzenen Wasser aufsetzen. Auf kleiner Flamme ca. 2 Stunden lang köcheln lassen. Nun nicht abgießen, sondern nur mit dem Schaumlöffel ein Drittel der Bohnen entnehmen, pürieren und wieder zurück in den Topf geben. Die fein würfelige Pancetta in einer großen Pfanne mit dickem Boden erhitzen, die Zwiebeln dazugeben. Wenn sie golden sind, den Knoblauch, das übrige Gemüse und die Kräuter zugeben und alles auf kleiner Flamme garen. Diese Mischung zu den Bohnen in den großen Topf geben, salzen, pfeffern und alles nochmals zum Kochen bringen. Jetzt die Nudeln beigeben und in weiteren 5–8 Minuten garen. Die Suppe von der Flamme nehmen, 30 Minuten ziehen lassen, dann noch einmal kurz erwärmen, pfeffern, in Suppenteller füllen und mit etwas frischem Olivenöl beträufelt servieren.

Pevarini

Pfefferküchlein

Für ca. 40 Stück

150 g Butter
100 g Honig
100 g Zucker
1 Prise Salz
½ TL Nelken
1 TL Zimt
1 Messerspitze Piment
1 Messerspitze geriebener Ingwer
1 Messerspitze Kardamom
etwas frisch gemahlener Pfeffer
350 g Mehl
etwas Backpulver

Butter, Honig und Zucker im Wasserbad unter ständigem Rühren erhitzen. Wenn eine gleichmäßige Flüssigkeit entstanden ist, alle gemahlenen Gewürze zugeben, Mehl und Backpulver einrühren, vom Herd nehmen, abkühlen lassen. Den Backofen auf 180 °C vorheizen. Eine Arbeitsfläche bemehlen, den Teig, der nochmals kurz durchgeknetet wurde, fingerdick darauf ausrollen, Formen ausstechen, auf ein mit Backpapier belegtes Blech legen und im heißen Ofen ca. 15 Minuten lang backen.

Indice delle ricette

Verzeichnis der Rezepte

Antipasti, contorni e legumi

Vorspeisen, Beilagen und Gemüse

Zuppe

Suppen und Eintöpfe

Primi piatti

Pasta, Gnocchi, Risotto, Polenta

Secondi piatti

Hauptgerichte

Dolci

Desserts und Gebäck

Hinweis: Bei einem großen Teil der Rezepte handelt es sich um klassische Rezepte aus der venezianischen Küche. Aus diesem Grunde hat sich die Autorin in diesen Fällen für die Beibehaltung der Schreibweise in venezianischem Dialekt entschieden.

Photographien

von Giosanna Crivelli und Thomas Klinger

Dieses Buch wurde auf chlorfrei gebleichtem und säurefreiem Papier gedruckt.

Der Text dieses Buches entspricht der neuen deutschen Rechtschreibung.

ISBN 978-3-8094-2191-7

„Antonio Vivaldi" (1) Portrait von François Morello La Cave
„Der Frühling" (38) · „Der Sommer" (90) · „Der Herbst" (128) · „Der Winter" (164)
Von Guiseppe Arcimboldo (1527–1593), akg-images, Berlin

Umschlaggestaltung: Atelier Versen, Bad Aibling
unter Verwendung des Bildes „Korb mit Früchten" von Michelangelo Merisi da Caravaggio
(1573–1610), Pinacoteca Ambrosiana, Milano/Scala Group · Antella, Firenze

Layout und grafische Gestaltung: Sibylle Schug, München
Satz: Peter Lang, Atelier Klinger & Schug, München

Projektleitung für diese Ausgabe: Claudia Markl

Gesetzt aus der Cochin, Stempel Garamond und Zapfino

Druck und Bindung: Těšínská Tiskárna, Ceský Těšín

Printed in the Czech Republic

817 2635 4453 6271